Preparación

para

PASCUA

CINCUENTA LECTURAS
DEVOCIONALES DE C. S. LEWIS

Preparación

para

PASCUA

C. S. Lewis

HarperCollins *Español*

Título en inglés: *Preparing for Easter*
© 2017 por C. S. Lewis Pte. Ltd.
Publicado por Harper One, un sello de HarperCollins Publishers.

Editora en Jefe: *Graciela Lelli*
Traducción y adaptación del diseño al español: *S. E. Telee*

ISBN 978-1-41859-821-1

18 19 20 21 22 LSCC 9 8 7 6 5 4 3 2 1

Contenido

CUARTA SEMANA

QUINTA SEMANA

SEXTA SEMANA

SÉPTIMA SEMANA

DOMINGO DE RESURRECCIÓN

Prefacio

Con frecuencia, la gente califica a C. S. Lewis como el más grande apologista cristiano del siglo XX. Y está claro que merece el título, puesto que para muchos cristianos reflexivos Lewis estableció el terreno para sostener que la fe cristiana no solo mantiene su plena credibilidad intelectual, sino que además proporciona la posición más privilegiada desde la que considerar y entender nuestro mundo hoy. Esta es, sin duda, una de las razones principales para explicar el extraño fenómeno de un autor que vende hoy muchas más copias de obras como *Mero cristianismo*, *Cartas del diablo a su sobrino*, *El gran divorcio* y *Los cuatro amores* que en vida del autor. Puesto que HarperCollins, la editorial de Lewis en Estados Unidos y el Reino Unido, está celebrando su segundo centenario en 2017, podemos decir sin temor a equivocarnos que la popularidad creciente e ininterrumpida de Lewis es algo fuera de lo común.

Pero ser un prominente defensor cristiano de la fe no sería la única razón para explicar la fama póstuma de Lewis. Como su contemporáneo Dietrich Bonhoeffer, Lewis fue también un pionero a la hora de explicar la vida cristiana en sí misma. De hecho, creo que la apologética de Lewis tiene tanta fuerza precisamente por lo estimulante e inspiradora que muchos encuentran su visión de la vida cristiana.

Es a este papel de Lewis, como profeta visionario de cómo seguir a Cristo hoy, al que recurre esta recopilación. En muchas tradiciones cristianas, el período antes de Pascua se considera un tiempo de preparación espiritual para el día en que más adelante celebramos y recibimos el «Gran Milagro» que Cristo llevó a cabo por medio de la cruz. En estos días previos, que muchos llaman Cuaresma, multitud de cristianos siguen la disciplina espiritual de leer un texto devocional cada mañana que los ayude a poner su mirada en Dios. En *Preparación para Pascua*, hemos reunido cincuenta lecturas de un amplio abanico de obras de Lewis, muchas de las cuales proceden de libros y de ensayos que no son tan conocidos, pero que siguen personificando la sabiduría característica de Lewis, justo con tal propósito.

Las selecciones nos llegan gracias a la diestra perspectiva editorial de Zachry Kincaid, el experto en Lewis que edita el popular blog de nuestra página web: CSLewis.com. Esperamos que disfruten de estas selecciones y que les sean de ayuda, como diría Lewis, para entrar «más arriba y más adentro» en el mundo al que Dios nos invita.

MICHAEL G. MAUDLIN
Vicepresidente y editor ejecutivo
de HarperOne, un sello de HarperCollins Publishers

PRIMERA SEMANA

NOTA DEL EDITOR. Algunas de las lecturas de este libro, como la de esta semana, proceden de obras publicadas en español por HarperCollins años atrás. Al tratarse de ediciones con distintos traductores y de distintas épocas, el lector apreciará leves diferencias en criterios ortográficos y de estilo (tildes diacríticas, ciertas mayúsculas, uso de «vosotros» y de «ustedes», etc.), pero hemos decidido respetarlas para conservar el sabor original de cada traducción.

Más cerca de Dios

Lecturas bíblicas
Mateo 11.27–30
Salmos 90.1–6

Todo cristiano tiene que admitir que la salud espiritual de un hombre es exactamente proporcional a su amor a Dios. Pero el amor del hombre a Dios, por su misma naturaleza, tiene que ser siempre, o casi siempre, amor-necesidad. Esto es obvio cuando pedimos perdón por nuestros pecados o ayuda en nuestras tribulaciones; pero se hace más evidente a medida que advertimos —porque esta advertencia debe ser creciente— que todo nuestro ser es, por su misma naturaleza, una inmensa necesidad; algo incompleto, en preparación, vacío y a la vez desordenado, que clama por Aquel que puede desatar las cosas que están todavía atadas y atar las que siguen estando sueltas. No digo que el hombre no pueda nunca ofrecer a Dios otra cosa que el simple amor-necesidad: las almas apasionadas pueden decirnos cómo se llega más allá; pero también serían ellas las primeras en decirnos, me parece a mí, que esas cumbres del amor dejarían de ser verdaderas gracias, se convertirían en ilusiones neoplatónicas o hasta en diabólicas ilusiones, en cuanto el hombre se atreviera a creer que podría vivir por sí mismo en esas alturas del amor, prescindiendo del elemento necesidad. «Lo más alto —dice la *Imitación de Cristo*— no se sostiene sin lo más bajo». Sería muy insensato y muy necio el hombre que se acercara a su Creador y le dijera ufano: «No soy un mendigo. Te amo desinteresadamente». Los que más se acercan en su amor a Dios al amor-dádiva están, inmediatamente después, e incluso al mismo tiempo, golpeándose el pecho como el publicano, y mostrando su propia indigencia al único y verdadero Dador; por eso, Dios los acoge. Se dirige a nuestro amor-necesidad y nos dice: «Venid a Mí todos los que estáis cansados y agobiados»; o bien, en el Antiguo Testamento: «Abrid del todo vuestra boca, y yo os la llenaré». Un amor-necesidad así, el mayor de todos, o coincide con la más elevada y más saludable y más realista condición espiritual del hombre o, al menos, es un ingrediente principal de ella. De eso se sigue una curiosa conclusión: en cierto sentido el hombre se acerca más a Dios en tanto que es menos semejante a Él; porque ¿es que hay algo más distinto que plenitud y necesidad, que soberanía y humildad, que rectitud y penitencia, que poder sin límites y un grito de socorro? Esta paradoja me desconcertó cuando me topé con ella por primera vez; y hasta echó por tierra todas mis anteriores tentativas de escribir sobre el amor. Cuando uno se enfrenta en la vida con eso, el resultado es parecido.

Debemos distinguir dos cosas, y quizá las dos se puedan llamar «cercanía de Dios». Una es la semejanza con Dios; Dios ha impreso una especie de semejanza consigo mismo, me parece a mí, a todo lo que Él ha hecho. El espacio y el tiempo son a su modo espejo de Su grandeza; todo tipo de vida, de Su fecundidad; la vida animal, de Su actividad. El hombre tiene una semejanza más importante por ser racional. Creemos que los ángeles tienen semejanzas con Dios de las que el hombre carece: la inmortalidad (no tienen cuerpo) y el conocimiento intuitivo. En este sentido, todos los hombres, buenos o malos, todos los ángeles, incluso los caídos, son más semejantes a Dios que los animales. Su naturaleza está «más cerca» de la naturaleza divina. Pero en segundo lugar existe la que podríamos llamar cercanía de proximidad. Si las cosas son como decimos, las situaciones en que el hombre está «más cerca» de Dios son aquellas en las que se acerca más segura y rápidamente a su final unión con Dios, a la visión de Dios y su alegría en Dios. Y al distinguir cercanía de semejanza y cercanía de aproximación, vemos que no necesariamente coinciden; pueden coincidir o no.

Quizá una analogía nos pueda ayudar. Supongamos que a través de una montaña nos dirigimos al pueblo donde está nuestra casa. Al mediodía llegamos a una escarpada cima, desde donde vemos que en línea recta nos encontramos muy cerca del pueblo: está justo debajo de nosotros; hasta podríamos arrojarle una piedra. Pero como no somos buenos escaladores, no podemos llegar abajo directamente, tenemos que dar un largo rodeo de quizá unos ocho kilómetros. Durante ese «rodeo», y en diversos puntos de él, al detenernos veremos que nos encontramos mucho más lejos del pueblo que cuando estuvimos sentados arriba en la cima; pero eso sólo será así cuando nos detengamos, porque desde el punto de vista del avance que realizamos estamos cada vez «más cerca» de un baño caliente y de una buena cena. Ya que Dios es bienaventurado, omnipotente, soberano y creador, hay obviamente un sentido en el que donde sea que aparezcan en la vida humana la felicidad, la fuerza, la libertad y la fecundidad (mental o física) constituyen semejanzas —y, en ese sentido, acercamientos— con Dios. Pero nadie piensa que la posesión de esos dones tenga alguna relación necesaria con nuestra santificación. Ningún tipo de riqueza es un pasaporte para el Reino de los Cielos.

En la cumbre de la cima nos encontramos cerca del pueblo, pero por mucho que nos quedemos allí nunca nos acercaremos al baño caliente y a nuestra cena. Aquí la semejanza y, en este sentido, la cercanía que Él ha conferido a ciertas criaturas, y a algunas situaciones de esas criaturas, es algo acabado, propio de ellas. Lo que está próximo a Él por semejanza nunca, por sólo este hecho, podrá llegar a estar más cerca. Pero la cercanía de aproximación es, por definición, una cercanía que puede aumentar. Y mientras que la semejanza se nos da —y puede ser recibida con agradecimiento o sin él, o puede usarse bien de ella o abusar—, la aproximación en cambio, aunque iniciada y ayudada por la Gracia, es de suyo algo que nosotros debemos realizar. Las criaturas han sido creadas de diversas maneras a imagen de Dios, sin su colaboración y sin su consentimiento. Pero no es así como las criaturas llegan a ser hijos de Dios. La semejanza que reciben por su calidad de hijos no es como la de un retrato; es, en cierto modo, más que una semejanza, porque es un acuerdo o unidad con Dios en la voluntad; aunque esto es así manteniendo todas las diferencias que hemos estado considerando. De ahí que, como ha dicho un escritor mejor que yo, nuestra imitación de Dios en esta vida —esto es, nuestra imitación voluntaria, distinta de cualquier semejanza que Él haya podido imprimir en nuestra naturaleza o estado— tiene que ser una imitación del Dios encarnado: nuestro modelo es Jesús, no sólo el del Calvario, sino el del taller, el de los caminos, el de las multitudes, el de las clamorosas exigencias y duras enemistades, el que carecía de tranquilidad y sosiego, el continuamente interrumpido. Porque esto, tan extrañamente distinto de lo que podemos pensar que es la vida divina en sí misma, es no sólo semejanza, sino que es la vida divina realizada según las exigencias humanas.

LOS CUATRO AMORES

«Introducción»

Abrazar la gloria

Lecturas bíblicas
Romanos 8.22–27
Salmos 1.1–3

En el primer lugar, nos preguntamos cómo llega la naturaleza creada por un Dios bueno a estar en tal condición. Mediante esta pregunta podemos referirnos o bien a cómo llega a ser algo imperfecto —o sea, en palabras de los profesores: cómo deja «espacio para mejorar»—, o bien a cómo llega a su estado de evidente depravación. Si nuestra pregunta es en el primer sentido, la respuesta cristiana (en mi opinión) es que Dios creó la naturaleza originalmente «desordenada y vacía» y la guio gradualmente hacia su perfección. En esto, como en otros aspectos, vemos el patrón habitual: descenso desde Dios a una tierra «desordenada» y reascensión desde ese estado hasta encontrarse terminada. En ese sentido, el cristianismo incluye cierto grado inherente de «evolucionismo» o «desarrollismo». Hasta aquí lo referente a la imperfección de la naturaleza; en cuanto a su demostrada depravación, cabe una explicación muy diferente. Los cristianos sostenemos que se debe al pecado: el de los hombres y el de las potestades, entidades no humanas, sobrenaturales, pero creadas. La impopularidad de esta doctrina surge del tan extendido naturalismo de nuestra época, es decir, de la creencia en que no existe nada sino la naturaleza y en que, si existiera algo más, ella estaría a salvo de ese algo por medio de una línea Maginot. Dejará de ser impopular en cuanto corrijamos este error. Sin duda, la curiosidad morbosa por esos seres, que llevó a nuestros antepasados a crear la pseudociencia de la demonología, es algo a evitar con toda firmeza: debemos tener la actitud que caracteriza al ciudadano sensato que, en tiempo de guerra, cree en la existencia de espías enemigos entre nosotros, pero no se cree casi ninguna de las historias de espías que se cuentan. Debemos limitarnos a la proposición de que existen seres de una «naturaleza» que es diferente y superior y que está parcialmente interrelacionada con la nuestra. Tales entes, como los hombres, están caídos y han alterado cosas a este lado de la frontera. La doctrina, aparte de mostrarse como algo provechoso y positivo en la vida espiritual de cada ser humano, contribuye a protegernos de perspectivas superficialmente optimistas o pesimistas de la naturaleza. Calificarla como «buena» o «mala» es filosofía pueril. Nos encontramos en un mundo de placeres arrebatadores, bellezas extasiantes y posibilidades tentadoras, pero en el que todo está siendo destruido y reducido a la nada constantemente. La naturaleza da toda la sensación de ser algo bueno venido a menos.

El pecado, tanto el de los hombres como el de los ángeles, fue posible porque Dios les dio libre albedrío. Así, él cedió una parte de su omnipotencia (volvemos a encontrarnos con este movimiento de descenso, de semejanza a la muerte), y vio que, partiendo de un mundo de criaturas libres, aunque cayeran, él podría producir (y esta es la reascensión) una felicidad más profunda y un esplendor más pleno que el que admitiría cualquier mundo de autómatas.

Se suscita otra pregunta. Si la redención del hombre es el principio de la redención de toda la naturaleza, ¿cabe concluir que, después de todo, el hombre es lo más importante de la naturaleza? No me incomodaría si tuviera que contestar afirmativamente a esta pregunta. Suponiendo que el hombre sea el único animal racional del universo, entonces (como ha quedado claro) ni su reducido tamaño ni las insignificantes dimensiones del planeta que habita harían que fuera ridículo considerarlo el héroe del drama cósmico; después de todo, el personaje más diminuto de *Jack el Matagigantes* es Jack. Tampoco me parece improbable que el hombre sea de hecho la única criatura racional de esta naturaleza espaciotemporal. Es justo esta la clase de preeminencia en solitario —justo la desproporción entre la imagen y el marco— que yo presupondría con todo lo que conozco de la naturaleza

Pero no necesito dar por sentado que exista en realidad. Aun admitiendo que la humana fuera una más entre millones de especies racionales, es la única que ha caído. Puesto que ha caído, Dios hace por ella lo más grande; igual que en la parábola, es la oveja perdida la que hace que el pastor se esfuerce en buscar. Aun admitiendo que el hombre es único y preeminente no en superioridad, sino en maldad y miseria, con más motivo diremos que la suya es la especie sobre la que descenderá la misericordia. Para celebrar a este hijo es para lo que se sacrificará el ternero cebado, o, para ser más exactos, al Cordero eterno. Pero, una vez que el Hijo de Dios, no atraído por nuestros méritos, sino por nuestra indignidad, se ha vestido de naturaleza humana, nuestra especie (sea cual fuere su condición anterior) se convierte, en cierto sentido, en el hecho central de toda la naturaleza. Nuestra especie se eleva después de su largo descenso y arrastra consigo en su ascenso a toda la naturaleza, porque el Señor de la naturaleza está ahora incluido en nuestra especie. Y, si noventa y nueve razas justas de planetas lejanos que orbitan en soles lejanos, y que no necesitasen redención para sí, fuesen regeneradas y glorificadas por la gloria que ha descendido hasta nuestra raza, eso encajaría perfectamente con lo que ya sabemos. Porque Dios no solo está reparando, restaurando un *statu quo*. La humanidad redimida ha de ser algo más glorioso que lo que la humanidad no caída podría haber sido; algo más glorioso que lo que ninguna raza —si es que el firmamento alberga alguna— no caída es ahora. Cuanto mayor es el pecado, mayor es la misericordia; cuanto más profunda es la muerte, más brillante es el renacer. Y esta gloria sobreañadida, mediante la verdadera vicariedad, exalta a todas las criaturas, y aquellas que nunca han caído bendecirán, por tanto, la caída de Adán.

LOS MILAGROS
«El Gran Milagro»

Sobre la perfección

Lecturas bíblicas
Mateo 5.43–48
Salmos 19.1–8

Cuando yo era niño a menudo me dolían las muelas, y sabía que si acudía a mi madre ella me daría algo que mitigase el dolor por aquella noche y permitiría que me durmiese. Pero yo no acudía a mi madre a menos que el dolor fuera demasiado intenso. Y la razón por la que no lo hacía es ésta. Yo no dudaba de que ella me daría la aspirina, pero sabía que también haría algo más. Sabía que a la mañana siguiente me llevaría al dentista. Yo no podía obtener de ella lo que quería sin obtener algo más, algo que no quería. Yo quería un alivio inmediato para el dolor, pero no podía obtenerlo sin que al mismo tiempo mis muelas fuesen curadas del todo. Y yo conocía a esos dentistas. Sabía que empezarían a hurgar en otras muelas diferentes que aún no habían empezado a dolerme. No dejarían en paz a

13

los tigres dormidos; si se les daba una mano cogerían el brazo entero.

Pues bien, si se me permite ese símil, Nuestro Señor es como los dentistas. Si se le da una mano cogerá el brazo entero. Cientos de personas acuden a Él para que se les cure de un pecado en particular del cual se avergüenzan (como la masturbación o la cobardía física), o que está obviamente interfiriendo con la vida cotidiana (como el mal carácter o el alcoholismo). Pues bien, Él lo curará, por supuesto: pero no se quedará ahí. Es posible que eso fuera todo lo que vosotros pedíais, pero una vez que Le hayáis llamado, os dará el tratamiento completo. Por eso parece advertir a la gente que «calculen el precio» antes de convertirse en cristianos. No os equivoquéis, viene a decir, si me dejáis, Yo os haré perfectos. En el momento en que os ponéis en Mis manos, es eso lo que debéis esperar. Nada menos, ni ninguna otra cosa, que eso. Poseéis el libre albedrío y, si queréis, podéis apartarme. Pero si no me apartáis, sabed que voy a terminar el trabajo. Sea cual sea el sufrimiento que os cueste en vuestra vida terrena, y por inconcebible que sea la purificación que os cueste después de la muerte, y me cueste lo que me cueste a Mí, no descansaré, ni os dejaré descansar, hasta que no seáis literalmente perfectos... hasta que Mi Padre pueda decir sin reservas que se complace en vosotros, como dijo que se complacía en Mí. Esto es lo que puedo hacer y lo que haré. Pero no haré nada menos.

Y sin embargo... este es el otro lado, igualmente importante, de esto: este Ayudante que no se sentirá satisfecho, a la larga, con nada menos que con la absoluta perfección, también se sentirá deleitado con el primer esfuerzo, por débil y torpe que sea, que hagáis mañana para cumplir con el deber más sencillo. Como señaló un gran escritor cristiano (George McDonald), todo padre se deleita con los primeros intentos que hace su bebé por caminar: ningún padre se sentiría satisfecho con nada menos que un caminar libre, firme y valiente en un hijo adulto. Del mismo modo, dijo: «Dios es fácil de agradar, pero difícil de satisfacer».

El resultado práctico es éste. Por un lado, no es necesario que la exigencia de perfección por parte de Dios os descorazone en lo más mínimo en vuestros actuales esfuerzos por ser buenos, o incluso en vuestros actuales fracasos. Cada vez que os caigáis Él os levantará de nuevo. Y Él sabe perfectamente bien que vuestros propios esfuerzos no os llevarán ni siquiera cerca de la perfección. Por otro lado, debéis daros cuenta desde el principio de que la meta hacia la cual Él está empezando a guiaros es la perfección absoluta, y que ningún poder en todo el universo, excepto vosotros mismos, puede impedirle que os haga alcanzarla. Esto es lo que debéis esperar. Y es muy importante que nos demos cuenta de esto. Si no lo hacemos, es muy probable que empecemos a apartarnos y a resistirnos después de un cierto punto.

Yo creo que muchos de nosotros, cuando Cristo nos ha permitido superar uno o dos pecados que resultaban una auténtica molestia, nos sentimos inclinados a sentir (aunque no lo pongamos en palabras) que ahora ya somos lo bastante buenos. Él ha hecho todo lo que queríamos que hiciese, y le agradeceríamos que ahora nos dejara en paz. Y decimos:

«Yo no esperaba convertirme en un santo. Lo único que quería era ser una buena persona». Y cuando decimos esto nos imaginamos que estamos siendo humildes.

Pero este es el error fatal. Por supuesto que no queríamos, Y, nunca pedimos, convertirnos en la clase de criatura en las que Él quiere convertirnos. Pero la cuestión no es lo que nosotros teníamos intención de ser, sino lo que Dios tenía intención de que fuéramos cuando nos creó. Él es el inventor; nosotros sólo somos las máquinas. Él es el pintor; nosotros sólo somos los cuadros. ¿Cómo vamos a saber lo que Él quiere que seamos? Porque Él ya nos ha convertido en algo muy diferente de lo que éramos. Hace muchos años, antes de que naciéramos, cuando estábamos dentro del vientre de nuestra madre, pasamos por varias etapas. En un momento nos parecimos de algún modo a vegetales, y en otro a pescados; fue sólo más tarde cuando nos convertimos en bebés humanos. Y si hubiéramos estado consciente en aquellas primeras etapas, me atrevo a decir que nos hubiésemos contentado con seguir siendo vegetales o pescados... que no hubiésemos querido convertirnos en humanos. Pero en todo momento Dios sabía cuál era Su plan para nosotros y estaba decidido a llevarlo a cabo. Algo parecido está ocurriendo ahora a un nivel más alto. Tal vez nos contentemos con seguir siendo «buenas personas», pero Él está decidido a llevar a cabo un plan muy diferente. Apartarse de ese plan no es humildad; es pereza y cobardía. Someterse a él no es vanidad o megalomanía: es obediencia.

MERO CRISTIANISMO
«Calculando el precio»

Júbilo en el juicio

Lecturas bíblicas
Mateo 25.31–46
Salmos 67.1–7

Si hay un pensamiento que hace que un cristiano tiemble, es el del «juicio» de Dios. El «día» de juicio es «ese día de ira, ese día terrible». Oramos para que Dios nos libre en la hora de la muerte y en el día del juicio. Durante siglos, el arte y la literatura cristianos han descrito sus horrores. Esta nota del cristianismo nos remite ciertamente a la enseñanza de nuestro Señor; sobre todo a la terrible parábola de las ovejas y las cabras. Esto no puede dejar intacta ninguna conciencia, porque las cabras son totalmente condenadas por sus pecados de omisión; es como si quisiera dejarnos claro que la más dura de las acusaciones sobre cada uno de nosotros no recae sobre las cosas que hemos hecho, sino sobre las que no hicimos, y que quizás nunca hemos soñado con hacer.

Por eso, cuando me fijé en cómo hablan los salmistas sobre el juicio de Dios me llevé una gran sorpresa.

Así es como ellos se expresan: «Alégrense y gócense las naciones, porque juzgarás los pueblos con equidad, y pastorearás las naciones en la tierra» (Sal 67.4 RVR1960), «Regocíjese el campo [...] los árboles del bosque rebosarán de contento [...] Porque vino a juzgar la tierra» (Sal 96.12, 13 RVR1960). Por lo que parece, el juicio es una ocasión de regocijo universal. La gente pide el juicio: «Júzgame conforme a tu justicia, Jehová Dios mío» (Sal 35.24 RVR1960).

Pronto queda muy clara la razón de esto. Los antiguos judíos, como nosotros, conciben el juicio de Dios en términos de una corte de justicia como las terrenales. La diferencia está en que el cristiano ve el caso a juzgar como una causa criminal, en la que él se sienta en el banquillo de los acusados: el judío, por su parte, lo representa como una causa civil, y él es el reclamante. El primero espera no ser condenado, o, más bien, el perdón; el segundo espera un triunfo clamoroso en el que su enemigo salga gravemente perjudicado. De ahí que le pida a Dios: «despierta para hacerme justicia [...] para defender mi causa» (Sal 35.23 RVR1960). Y aunque, como dije hace un momento, nuestro Señor pinta en la parábola de las ovejas y las cabras un cuadro característicamente cristiano, en otro lugar es muy típicamente judío. Nótese lo que quiere decir cuando habla del «juez injusto». Con esas palabras, muchos pensaríamos en alguien como el juez Jeffreys o en las criaturas sentadas en el banquillo de los tribunales alemanes durante el régimen nazi: alguien que intimida a los testigos y al jurado para condenar, y luego castigar con brutalidad, a hombres inocentes. De nuevo, pensamos en un juicio criminal. Albergamos la esperanza de no estar jamás en el banquillo ante semejante juez. Pero el juez injusto de la parábola es un personaje muy diferente. No existe el peligro de presentarte en su corte contra tu voluntad; lo difícil es conseguir lo contrario: que atienda tu causa. Está claro que se trata de un caso civil. La pobre mujer (Lc 18.1-5) tenía su pequeña parcela de tierra —el espacio para una pocilga o un gallinero— y un vecino más rico y poderoso (hoy estaríamos hablando de inmobiliarias o de algún departamento oficial de Urbanismo) se la quitó. Ella sabía que tenía un caso bien fundamentado. Si pudiera acceder a la corte y lograr que se juzgara su causa conforme a las leyes del país, le devolverían su parcela. Pero nadie quiere escucharla, no puede presentarse a juicio. No es extraño que esté ansiosa por «el juicio».

Tras esto subyace una experiencia milenaria y casi universal por la que no hemos pasado. En muchos lugares y épocas, el «hombre pequeño» ha tenido muchos problemas para conseguir que se atienda a su causa. Al juez (y, sin duda, a uno o dos de sus subordinados) había que darle un soborno. Si no podías permitirte «untarlos», tu caso no llegaba a juzgarse. Nuestros jueces no reciben sobornos. (Posiblemente damos demasiado por sentada esta bendición, pero no seguirá con nosotros de manera automática). Por tanto, no nos sorprendamos al ver que en los salmos y los profetas abunda el anhelo de juicio y que consideran que el anuncio de la llegada de ese juicio son buenas noticias. Cientos y miles de personas que han sido despojados de sus posesiones y que tienen el derecho de su parte serán por fin escuchadas. Desde luego, no le tienen miedo al juicio. Saben que su caso es incuestionable, con solo ser atendido. Cuando Dios venga a juzgar, por fin lo será.

Este punto queda claro en varios pasajes. En el salmo 9 se nos dice que Dios «juzgará al mundo con justicia» (8) y que eso es así porque «no se olvidó del clamor de los afligidos». Dios actúa como «defensor de viudas» (Sal 68.5 RVR1960). El buen rey de Salmos 72.2 «juzgará con rectitud a tu pueblo»; es decir, «hará justicia a tus pobres a los pobres» (NVI). Cuando Dios se levante para juzgar, lo hará «para salvar a todos los mansos de la tierra» (76.9 RVR1960), a todas las personas amedrentadas e indefensas cuyas injusticias aún no han sido tratadas adecuadamente. Cuando Dios acusa a los jueces terrenales de juzgar injustamente, les dice acto seguido que los pobres tienen «derechos» (Sal 82.2, 3 NTV).

Así pues, el juez justo es principalmente el que corrige una injusticia en una causa civil. Sin duda, también juzgaría con justicia una causa criminal, pero no parece que sea en eso en lo que los salmistas están pensando. Los cristianos claman a Dios pidiendo misericordia en vez de justicia; *aquellos* clamaban a Dios pidiendo justicia en lugar de injusticia. El Juez divino es el defensor, el rescatador. Me dicen los expertos que, en el libro de Jueces, la palabra traducida como «jueces» podría prácticamente verterse como «paladines defensores»; porque, aunque estos «jueces» ejercen en ocasiones lo que podríamos llamar funciones judiciales, muchos de ellos se ocupan sobre todo de liberar por la fuerza de las armas a los israelitas oprimidos por los filisteos y otros. Se parecen más a Jack Matagigantes que a uno de nuestros jueces de peluca blanca. Los caballeros de las novelas de caballería que salían a rescatar a viudas y a damiselas en apuros de los gigantes y de otros tiranos actuaban casi como «jueces» en el sentido hebreo antiguo: es el caso del procurador moderno (y he conocido a algunos) que trabaja gratis para ayudar a personas pobres que son víctimas de injusticias.

Creo que hay muy buenas razones para considerar que la imagen cristiana del juicio de Dios es mucho más profunda y mucho más segura para nuestras almas que la judía. Pero eso no significa que haya que descartar la concepción judía. Yo, por lo menos, opino que aún puedo sacar muy buen alimento de ella.

Complementa la idea cristiana en un sentido importante, pues lo que nos alarma en la noción cristiana es la infinita altura del listón conforme al cual serán juzgadas nuestras acciones. Pero entonces sabemos que ninguno de nosotros llegará jamás a ese nivel. Estamos todos en el mismo barco. Tenemos que fijar nuestra esperanza en la misericordia de Dios y la obra de Cristo, no en nuestra propia bondad. La descripción judía de una acción civil nos recuerda que no solo no estamos a la altura del listón divino (algo evidente), sino que tampoco llegamos al listón humano que la gente razonable admite y que nosotros mismos quisiéramos imponer a los demás. Casi con toda seguridad, hay afirmaciones insatisfechas, afirmaciones humanas, contra cada uno de nosotros. ¿Pues quién se cree de verdad que, en todos sus tratos con empleados y jefes, con el marido o la esposa, con padres e hijos, en contiendas y colaboraciones, siempre ha sido honesto y justo (o, ni mucho menos, caritativo o generoso)? Por supuesto, nos olvidamos de las ofensas que hemos causado, pero los ofendidos no las olvidan, ni aun perdonándolas. Y Dios no olvida. Y lo que nosotros podemos recordar ya es bastante tremendo. Pocos de nosotros hemos dado siempre a nuestros alumnos, pacientes o clientes (o a cualesquiera de los que podrían considerarse «consumidores» de nuestros servicios), en su total medida, aquello por lo que nos han pagado. Al encontrarnos ante un trabajo pesado, no siempre hemos cumplido debidamente con toda nuestra parte si hemos encontrado a un compañero o colega al que engatusar para que se encargase de la parte más tediosa.

Nuestras contiendas son un buen ejemplo de la diferencia entre la noción cristiana y la judía, aunque, no obstante, hay que tener presentes las dos. Como cristianos, por supuesto, debemos arrepentirnos de toda la ira, malicia y obstinación que han permitido que la discusión se convierta, por nuestra parte, en una contienda. Pero está también la cuestión a un nivel mucho más bajo: «contando con que existe la contienda (luego abordaremos esto), ¿peleas limpiamente?». ¿No será que falsificamos, sin saberlo, toda la cuestión? ¿Fingimos estar enojados por algo cuando sabíamos, o podríamos haber sabido, que nuestro enojo tenía su origen en un motivo distinto y mucho menos presentable? ¿Fingimos haber sufrido un «daño» en nuestra sensibilidad y nuestros sentimientos (las personas de naturaleza tan delicada somos muy vulnerables) cuando el verdadero problema estaba en nuestra envidia, nuestra vanidad no satisfecha o nuestra obstinación frustrada? Estas tácticas suelen funcionar. La otra parte se da por vencida. No porque no sea consciente de nuestro mal, sino porque demasiado bien lo conoce desde hace mucho, y sabe que, si despierta a esa fiera dormida o saca ese esqueleto del armario, pondrá en peligro su relación con nosotros. Hace falta una terapia que sabe que no aceptaremos. Y así es como vencemos: con trampas. Pero el juego sucio cala muy hondo. Realmente, eso que solemos llamar «sensibilidad» es la fábrica más poderosa de tiranía doméstica, a veces para toda la vida. No estoy seguro de cómo tratarlo en los demás, pero deberíamos ser implacables ante sus primeros atisbos en nosotros mismos.

REFLEXIONES SOBRE LOS SALMOS
«"Juicio" en los salmos»

SEGUNDA SEMANA

Ser un seguidor de Dios

Lecturas bíblicas
Filipenses 2.1–11
Salmos 18.6–11

El Hijo de Dios se hizo hombre para que los hombres pudieran hacerse hijos de Dios. No sabemos —al menos yo no lo sé— cómo hubieran ido las cosas si la raza humana nunca se hubiera rebelado contra Dios y se hubiera unido al enemigo. Es posible que todos los hombres hubieran estado «en Cristo», que hubieran compartido la vida del Hijo de Dios desde el momento en que nació. Tal vez el *Bios* o vida natural hubiera sido incorporada al *Zoe*, la vida increada, de una vez y automáticamente. Pero eso son conjeturas. A vosotros y a mí nos interesan las cosas tal como son ahora.

Y el presente estado de las cosas es éste. Las dos clases de vida no sólo son diferentes (siempre lo hubieran sido), sino que en realidad son antagónicas. La vida natural en cada uno de nosotros es algo centrado en sí mismo, algo que quiere ser mimado y admirado, que quiere aprovecharse de las demás vidas, explotar el universo. Y especialmente quiere que se la deje a su aire: mantenerse aparte de cualquier cosa que sea mejor o más alto que ella, de cualquier cosa que la haga sentirse poca cosa. Tiene miedo de la luz y el aire del mundo espiritual, del mismo modo que las personas que han sido educadas para ser sucias tienen miedo de tomar un baño. Y en cierto sentido tiene razón. Sabe que si la vida espiritual se adueña de ella, todo su egocentrismo y su amor propio morirán, y está dispuesta a luchar con uñas y dientes para evitarlo.

¿Pensasteis alguna vez, cuando erais niños, lo divertido que sería que vuestros juguetes pudieran adquirir vida propia? Pues bien, imaginad que hubierais podido realmente darles vida. Imaginad que hubieseis convertido un soldado de plomo en un hombrecito de verdad. Eso habría implicado transformar el plomo en carne. Y suponed que al soldadito de plomo no le hubiese gustado. A él no le interesa la carne; lo único que ve es que el plomo ha sido estropeado. Él cree que le estáis matando. Hará todo lo que pueda para impedírselo. Si puede evitarlo, no consentirá que le convirtáis en un hombre.

No sé lo que habríais hecho con ese soldado de plomo. Pero lo que Dios hizo con nosotros fue esto. La Segunda Persona en Dios, el Hijo, se hizo humano: nació en este mundo como un hombre real, un auténtico hombre de una altura determinada, con el pelo de un cierto color, que hablaba un idioma concreto y pesaba un cierto número de kilos. El Ser Eterno, que todo lo sabe y creó el universo entero, se convirtió no sólo en un hombre sino (antes de eso) en un bebé, y antes de eso en un feto dentro del cuerpo de una mujer. Si queréis haceros una idea, pensad lo que os gustaría convertiros en una babosa o en un cangrejo.

El resultado de esto fue que ahora existía un hombre que era realmente lo que todos los hombres estaban destinados a ser; un hombre en el que la vida creada, derivada de su madre, se permitía ser completa y perfectamente convertida en la vida engendrada. La criatura natural humana en Él fue asumida por completo en el divino Hijo. Así, en una instancia, la humanidad había llegado, por así decirlo, a su meta: había pasado a la vida de Cristo. Y porque toda la dificultad para nosotros reside en que la vida natural tiene que ser, en cierto sentido, «muerta», Él eligió una carrera terrenal que implicaba la muerte de Sus deseos humanos a cada paso: la pobreza, la incomprensión de su propia familia, la traición de uno de Sus íntimos amigos, sentirse burlado y vapuleado por la policía, y ser ejecutado mediante tortura. Y luego, después de haber sido muerto de este modo —en cierto sentido muerto todos los días— la criatura humana en Él, porque estaba unida al Divino Hijo, volvió de nuevo a la vida. El hombre en Cristo resucitó de nuevo: no sólo el

Dios. De eso se trata todo. Por primera vez vimos a un hombre auténtico. Un soldado de plomo —de auténtico plomo, igual que los demás— se había vuelto total y espléndidamente vivo.

Y aquí, por supuesto, llegamos al punto en que mi ilustración del soldado de plomo se desvirtúa. En el caso de verdaderos soldados de plomo o de estatuas, si alguno de ellos cobrara vida, no significaría nada para los demás. Todos están separados. Pero los seres humanos no lo están. Parecen separados porque los veis caminando separadamente. Pero, claro, estamos hechos de tal modo que sólo podemos ver el momento presente. Si pudiéramos ver el pasado, todo nos parecería diferente. Porque hubo un momento en que cada hombre era parte de su madre y (antes aún) también parte de su padre, y aún antes parte de sus abuelos. Si pudierais ver a la humanidad esparcida en el tiempo, como la ve Dios, ésta no parecería un montón de cosas separadas y esparcidas por ahí. Parecería una única cosa que crece, algo así como un árbol muy complicado. Cada individuo aparecería conectado con los demás. Y no sólo eso. Los individuos no están realmente separados de Dios, del mismo modo que no están separados unos de otros. Cada hombre, mujer y niño de todo el mundo está sintiendo y respirando en este momento sólo porque Dios, por así decirlo, «los hace funcionar». En consecuencia, cuando Cristo se hace hombre, no es realmente como si vosotros pudierais convertiros en un soldado de plomo en particular. Es como si algo que siempre está afectando la masa humana empieza, en un cierto punto, a afectar a esa misma masa humana de una manera nueva. A partir de ese punto el efecto se extiende por toda la humanidad. Afecta a aquellos que vivieron antes de Cristo así como a aquellos que vivieron después de Él. Afecta a aquellos que nunca han oído hablar de Él. Es como dejar caer en un vaso de agua una gota de algo que le da un nuevo sabor o un nuevo color a toda ella. Pero, por supuesto, ninguna de estas ilustraciones sirve perfectamente. En última instancia Dios no es otra cosa que Sí mismo y lo que Él hace no se parece a ninguna otra cosa. Apenas podría esperarse que fuese de otra manera.

¿Cuál es, pues, la diferencia que Él ha constituido para la totalidad de la masa humana? Es solamente ésta: que el trabajo de convertirse en un hijo de Dios, de ser transformado de algo creado en algo engendrado, de pasar de la vida biológica temporal a la vida «espiritual» intemporal Él lo ha hecho por nosotros. En principio, la Humanidad ya está «salvada». Nosotros, los individuos, tenemos que apropiarnos de esa salvación. Pero el trabajo realmente duro —aquello que no hubiéramos podido hacer por nosotros mismos— Él lo ha hecho por nosotros. No tenemos que intentar escalar a la vida espiritual por nuestros propios esfuerzos. Ésta ya ha descendido a la raza humana. Sólo con que nos abramos al único Hombre en el que esa vida estaba totalmente presente y que, a pesar de ser Dios, es también un hombre real, Él lo hará por nosotros y en nosotros. Recordad lo que dije acerca de la «buena infección». Uno de nuestra raza tiene esta nueva vida: si nos acercamos a Él nos la contagiaremos.

Naturalmente, esto puede expresarse de mil maneras diferentes. Podéis decir que Cristo murió por nuestros pecados. Podéis decir que el Padre nos ha perdonado porque Cristo ha hecho por nosotros los que nosotros debiéramos haber hecho. Podéis decir que hemos sido lavados por la sangre del Cordero. Podéis decir que Cristo ha vencido la muerte. Y todo ello es verdad. Si alguna de estas cosas no os atrae, dejadla y escoged la fórmula que os atraiga. Y, hagáis lo que hagáis, no empecéis a discutir con otras personas porque ellas utilicen otra fórmula diferente de la vuestra.

MERO CRISTIANISMO
«Los obstinados soldados de juguete»

Amor tan fiero como el fuego

Lecturas bíblicas
I Juan 4.7–16
Salmos 42.1–11

El amor es cálido como las lágrimas,
    El amor son lágrimas:
Presión craneal,
Tensión de garganta,
Diluvio, semanas de lluvia,
Pajares a flote,
Mares monótonos entre los setos
Donde antes lucía la hierba.

El amor es extremo como el fuego,
    El amor es fuego:
Todos: calor infernal
Con escoria de orgullo y avaricia,
Deseo lírico, agridulce,
Risa, aun cuando se niega,

Y esa llama empírea
De donde vinieron todos los amores.

El amor es nuevo como la primavera,
    El amor es primavera:
Trinos en el aire,
Frescos olores en el bosque,
Susurrándoles: «¡Atrévete! ¡Atrévete!»
A la savia, a la sangre,
Diciéndoles: «Confort, seguridad, descanso,
Son buenos, mas no lo mejor».

El amor es duro como los clavos,
    El amor son clavos:
Directos, fuertes, clavados a martillo
En los nervios medianos de Aquel
Que, habiéndonos creado, sabía
Qué era lo que había hecho,
Al ver (con todo lo que es)
Nuestra cruz, su cruz.

POEMAS

«El amor es cálido como las lágrimas»

Si algo no nos satisface cuando lo encontramos, es que no era lo que deseábamos. Si el agua no sacia a un hombre, puedes estar seguro de que no era sed, o no era solo sed, lo que lo atormentaba: quería emborracharse para curar su estupidez, o conversación que curase su soledad, o algo por el estilo. ¿Cómo conocemos nuestros deseos si no es por su satisfacción?

¿Cuándo los conocemos si no es cuando decimos: «Ah, esto es lo que yo quería»? ¿Y si hubiera algún deseo que al hombre le resultase natural sentirlo pero imposible satisfacerlo, ¿no lo tendría la naturaleza de este deseo siempre confuso? Si los cuentos antiguos tenían razón, si un hombre, sin despojarse de su humanidad, pudiese cruzar las fronteras de nuestro país, si pudiese estar, sin dejar de ser un hombre, en el Oriente y el Occidente de las fábulas, entonces, en el momento de la culminación, al alzar la copa, al recibir la corona, el beso de la esposa… entonces, antes que nada, en cuanto mirara atrás, las extensas rutas de deseo que había transitado se volverían llanas y no sinuosas, y, al encontrarlo, sabría que eso era lo que había estado buscando. Yo estoy viejo y colmado de lágrimas, y veo que tú también comienzas a sentir la pena que nace con todos nosotros. Abandona la esperanza: no abandones el deseo. No te extrañe que esos atisbos de tu Isla se confundan tan fácilmente con las cosas más viles y sean tan fácil objeto de blasfemia. Por encima de todo, no trates de guardarlos, no intentes revisitar el mismo lugar ni momento en que se te concedió la visión. Pagarás el castigo de todos los que quisieron aferrarse a un lugar o momento dentro de nuestro país que nuestro país no puede contener. ¿No has oído hablar de los responsables del pecado de idolatría y de cómo, en sus antiguas crónicas, el maná se agusanaba si alguien trataba de hacer acopio de él? No seas avaricioso, no te apasiones; solo conseguirás aplastar hasta la muerte en tu pecho, con manos candentes y ásperas, el objeto de tu amor. Pero, si osas ceder a la duda de si aquello que anhelas es algo real, recuerda que tu propia experiencia te lo ha enseñado. Piensa que se trata de un *sentimiento*, y al fin y al cabo el sentimiento no tiene valor. Mantente alerta en tu mente, vigila ese sentimiento y hallarás —¿cómo decirlo?— un alboroto en el corazón, una imagen en la cabeza, un sollozo en la garganta: ¿y eso era *tu* deseo? Sabes que no, y que ningún sentimiento te saciará, que el *sentimiento*, por mucho que lo sofistiques, no es más que un demandante falso, tan falso como la zafia lujuria de las que habla el gigante. Llegamos, pues, a la conclusión de que lo que deseas no es algo que parta de ti en absoluto, sino algo que, precisamente por eso, es Otro y Externo. Saber esto te hará más tolerable la realidad de que no puedes alcanzarlo, de que eso que debería ser es un bien tan inmenso que cuanto recuerdes que existe se te olvidará lamentarte de que no puedes tenerlo. No, todo lo que pudieras tener estaría tan por debajo de esto que su disfrute sería incalculablemente inferior a la mera hambre de ello. Querer es mejor que tener. La gloria de cualquier mundo en el que puedas vivir es al final simple apariencia; pero, como dijo uno de mis hijos, eso hace que el mundo sea más glorioso.

EL REGRESO DEL PEREGRINO
«Sabiduría—exotérica»

Deshacerse del miedo

Lecturas bíblicas
I Corintios 1.26–31
Salmos 97.1–7

No. No es el cristianismo el que tiene que temer el universo gigantesco, sino los sistemas que sitúan la totalidad del sentido de la existencia en la evolución biológica o social que se produce en nuestro planeta. Son los evolucionistas creativos, los seguidores de Bergson o de Shavian, o los comunistas, los que deberían estremecerse al levantar la mirada al firmamento, pues navegan en un barco que se hunde. Tratan de ignorar la naturaleza evidente de las cosas, como si al fijar su atención en la posible tendencia ascendente de un determinado planeta particular pudieran olvidarse de la inevitable inclinación descendente del universo en su conjunto, de su tendencia a las bajas temperaturas y a la desorganización sin remedio. La verdadera onda cósmica es la entropía; la evolución no es más que una momentánea oscilación telúrica dentro de ella.

Basándome en esto, sostengo que, en cuanto a los conocimientos actuales, los cristianos tenemos tan poco que temer como cualquiera. Pero, como dije al principio, esta no es la respuesta fundamental. Los incesantes vaivenes de la teoría científica, que hoy parece más favorable a nosotros que en el siglo pasado, pueden volverse contra nosotros mañana. La respuesta esencial está en otra parte.

Permítanme recordarles la pregunta que tratamos de responder: ¿cómo puede un sistema inalterable sobrevivir al incremento continuo de conocimiento? En algunos casos lo sabemos muy bien. Un estudioso maduro, que lee un texto brillante de Platón y que contempla de un vistazo la metafísica, la belleza literaria y el lugar de ambas en la historia de Europa, se encuentra en una posición muy distinta a la de un joven que está aprendiendo el alfabeto griego. Sin embargo, toda esa inmensa actividad mental y emocional opera por medio del sistema inalterable del alfabeto griego. Este sistema no se rompe con el conocimiento nuevo. No se queda obsoleto. Si cambiara, todo sería un caos. Un gran estadista cristiano, cuando considera la moralidad de una medida que afectará a millones de vidas y que atañe a cuestiones económicas, geográficas y políticas de gran complejidad, está en una situación diferente a la del muchacho que justo está aprendiendo que no se debe estafar ni mentir, ni dañar a los inocentes. Pero, en el estadista, su deliberación solo podrá ser moral en la medida en que este primer conocimiento de los grandes temas básicos de la moral se mantiene intacto en él. Si no es así, no ha habido progreso, sino mero cambio, porque el cambio no es progreso a menos que el núcleo no haya sufrido ningún cambio. Un roble pequeño crece hasta hacerse un roble grande; si se convirtiera en una haya, eso no sería crecimiento, solo cambio. En tercer lugar, hay una gran diferencia entre contar manzanas y llegar a las fórmulas matemáticas de la física moderna, pero en ambos casos se usa la tabla de multiplicar y no se queda obsoleta.

Dicho de otro modo, dondequiera que hay progreso real en cuanto al conocimiento, hay algún conocimiento que no es sustituido. En realidad, la misma posibilidad de progreso exige que haya un elemento que no cambie. Odres nuevos para el vino nuevo, desde luego, pero no paladares, gargantas ni estómagos nuevos, o, para nosotros, ya no sería «vino» en absoluto. Supongo que todos estaremos de acuerdo en ver este tipo de elemento inalterable en las reglas elementales de las matemáticas. Yo añadiría los principios fundamentales de la moral. Y además las doctrinas fundamentales del cristianismo. Para decirlo con un lenguaje más técnico, sostengo que las afirmaciones históricas positivas que ha hecho el cristianismo tienen esa virtud, propia sobre todo de los principios formales, de recibir sin cambios intrínsecos la creciente complejidad de significado que el aumento del conocimiento les aporta.

Por ejemplo, podría ser (aunque yo no lo creo ni por asomo) que cuando el Credo de Nicea dice: «descendió del cielo», los autores estuvieran pensando en un movimiento local desde un cielo local hasta la superficie de la tierra, como un descenso en paracaídas. Desde entonces, otros han descartado por completo la idea de un cielo espacial, pero el cambio no afecta en absoluto ni a la importancia ni a la credibilidad de la declaración. Desde ambas perspectivas, es algo milagroso. Desde ambas perspectivas, las imágenes mentales que ayudan en el acto de creer son prescindibles. Cuando un converso de África Central y un médico de Harley Street afirman que Cristo resucitó, desde luego que hay una gran diferencia entre sus pensamientos. A uno le basta con la simple imagen de un cuerpo muerto levantándose; el otro quizás piense en toda una serie de procesos bioquímicos e incluso físicos que comienzan a revertirse. El doctor, por su experiencia, sabe que esos procesos nunca se han revertido, pero el africano sabe que los muertos no se levantan y andan. Ambos están ante un milagro, y ambos lo saben. Si los dos piensan que los milagros no son posibles, la única diferencia será que el médico expondrá la imposibilidad de manera más detallada, presentará una sofisticada glosa de la simple afirmación de que los muertos no van por ahí andando. Si ambos creen en los milagros, todo lo que el doctor diga será para analizar y explicar el verbo «resucitó». Cuando el autor de Génesis dice que Dios creó al hombre a su imagen, quizás se hizo una idea de un Dios más o menos corpóreo creando al hombre como cuando un niño hace una figura de plastilina. Un filósofo cristiano moderno quizás se imagine un proceso que va desde la creación inicial de la materia hasta la aparición final en este planeta de un organismo adecuado para recibir tanto vida espiritual como biológica. Pero ambos quieren decir básicamente lo mismo; y ambos niegan lo mismo: la doctrina de que la materia, en virtud de algún ciego poder que posee en sí misma, haya producido la espiritualidad.

DIOS EN EL BANQUILLO
«El dogma y el universo»

La alegría de Génesis

Lecturas bíblicas
Hebreos 12.1–13
Salmos 31.21–24

En la Trilogía cósmica, *Lewis examina la soberanía de Dios sobre todo el universo.*

¿Qué sentido tenía disponer las cosas de manera que todo lo realmente importante dependiera al final por completo de un espantapájaros como él? Y, en ese momento, no podía evitar el recuerdo de que, allá en la Tierra, los hombres estaban en guerra, de que reclutas paliduchos y oficiales pecosos que apenas habían empezado a afeitarse permanecían en horribles trincheras o avanzaban a rastras en una oscuridad mortal, despertando, como él, a la descabellada realidad de que todo dependía de sus acciones; de que, mucho tiempo atrás, Horacio estaba en el puente y Constantino se debatía en su pensamiento acerca de abrazar o no la nueva religión, y la misma Eva contemplaba el fruto prohibido y el Cielo de los Cielos esperaba a que se decidiera. Se retorció y rechinó los dientes, pero no podía dejar de verlo. Así, y de ninguna otra manera, es como se hacía el mundo. O bien algo tenía que depender de las elecciones personales, o bien nada dependía de ellas. Si algo, ¿quién podía ponerle límites? Una piedra puede determinar el curso de un río. En este horrible instante, él era esa piedra que se había convertido en centro de todo el universo. Los eldila [superhombres extraterrestres] de todos los mundos, los organismos inmaculados de la luz eterna, guardaban silencio en el Cielo Profundo para ver lo que Elwin Ransom de Cambridge iba a hacer.

Entonces llegó el bendito alivio. De repente se dio cuenta de que no sabía qué *podía* hacer. Casi se puso a reír de alegría. Todo este horror había sido prematuro. No tenía delante una tarea definida. Lo único que se le exigía era una determinación general y preliminar de oponerse al Enemigo de la manera que más deseable se viera según las circunstancias. Efectivamente, lo que se le pedía era —y regresó corriendo a esas reconfortantes palabras como un niño a los brazos de su madre— que «diera lo mejor de sí», o, mejor dicho, que siguiera dándolo, porque eso era lo que llevaba todo el tiempo haciendo. «Qué manera de complicarnos la vida sin motivo», murmuró, ya desde una posición algo más cómoda. Se vio inundado por una agradable sensación que él juzgó como una alegre y racional devoción que lo envolvía.

¡Bueno! ¿Qué era esto? Se incorporó y sintió cómo el corazón le latía desbocado. Sus pensamientos se habían topado con una idea que le provocó un respingo como el de alguien que ha tocado un atizador candente. Pero esta vez la idea era demasiado pueril para contemplar su posibilidad. Esta vez *tenía* que ser un engaño, surgido de su propia mente. Lo lógico era que una lucha con el diablo implicase una lucha *espiritual*... pensar en un combate físico era algo que solo podía ocurrírsele a un salvaje.

PERELANDRA
Capítulo 11

La promesa de renacer

Lecturas bíblicas
I Pedro 3.18–22
Salmos 33.13–22

En el relato del cristianismo, Dios desciende para reascender. Dios baja; desde las alturas de su ser absoluto baja al tiempo y al espacio, baja a la humanidad; baja aún más lejos, si los embriólogos tienen razón, para recapitular en el vientre las fases ancestrales y prehumanas de la vida; baja hasta las mismas raíces, hasta las simas abisales de la naturaleza que él ha creado. Pero desciende para luego reascender y llevarse con él todo el ruinoso mundo. Uno se lo imagina como un hombre fornido que se agacha más y más hasta poder cargar sobre sí una carga enorme y difícil. Tiene que agacharse para levantarse, tiene casi que desaparecer bajo la carga antes de enderezar de manera increíble la espalda y salir con todo ese peso sobre sus hombros. O podríamos imaginarnos a un buceador, que primero se quita casi toda la ropa, para después lanzarse en el aire, zambullirse y desaparecer entre las salpicaduras, primero en el agua verde y cálida y luego, al bajar al fondo, en aguas frías y oscuras, sometido a una presión cada vez mayor, hasta la casi sepulcral zona de fango, lodo y descomposición; para luego reascender al color y a la luz, con los pulmones a punto de estallar, hasta romper de repente la superficie y exhibir la mano chorreante que empuña el preciado objeto que bajó a recuperar. Ahora, el buceador y su trofeo, una vez regresados a la luz, adquieren colorido. En el fondo, abajo, donde el objeto yacía incoloro, el buceador también había perdido su color.

Todos reconoceremos un esquema familiar en este descenso y reascenso: algo escrito por todo el mundo. Es el patrón de la vida vegetal. Primero tiene que reducirse hasta algo duro, pequeño y similar a la muerte, tiene que caer en tierra; desde ahí reasciende la nueva vida. Este es también el modelo de toda reproducción animal. Hay un descenso desde los organismos plenos y perfectos hasta el espermatozoide y el óvulo, y en la oscuridad del útero surge una vida que al principio es inferior a la especie que se reproduce; luego viene el lento ascenso hasta el embrión perfecto, hasta el bebé vivo y consciente, y por último hasta el adulto. Lo mismo sucede con nuestra vida moral y emocional. Los deseos que en principio eran inocentes y naturales tienen que someterse al proceso mortal de control o autonegación total; pero desde ahí se produce una reascensión hasta el carácter plenamente formado en el que opera la fuerza de la materia original, pero de una manera totalmente nueva. El principio de morir y renacer —bajar y subir— es crucial. La vía principal casi siempre pasa por este estrechamiento, esta reducción.

La doctrina de la encarnación, si se acepta, confiere aún más centralidad a este principio. El modelo está en la naturaleza porque estaba primero en Dios. Todos los ejemplos que he mencionado de este patrón no son, a fin de cuentas, más que transposiciones del tema divino a un tono menor. No hablo ahora simplemente de la crucifixión y la resurrección de Cristo. Estas son solo el punto de inflexión de la totalidad del esquema, que consiste en el morir y el renacer reales, pues, desde luego, no hubo jamás ninguna semilla que cayera desde un árbol tan bondadoso a un suelo tan negro y frío como para representar más que una débil analogía de este inconmensurable descenso y reascensión en los que Dios dragó el fondo lodoso y salobre de la Creación.

Desde este punto de vista, la doctrina cristiana, en medio de las más profundas aprehensiones de realidad que tenemos por otras fuentes, se siente cómoda con tanta facilidad que surgen dudas en una nueva dirección: ¿no encaja todo demasiado bien? Demasiado, tanto que uno se pregunta si no habrá llegado a la mente de los hombres a raíz de ver este patrón en otras partes, especialmente en la muerte y resurrección del maíz cada año. Porque, desde luego, han sido muchas las religiones en las que ese espectáculo anual (tan importante para la vida de la tribu) se admitía casi como el tema central, y la deidad —Adonis, Osiris u otras— era casi abiertamente una personificación del maíz, un «rey del maíz» que moría y renacía cada año. ¿No será Cristo simplemente otro rey del maíz?

LOS MILAGROS
«El Gran Milagro»

La belleza de los mitos

Lecturas bíblicas
Juan 1.1–14
Salmos 34.1–14

Cuando el profesor Tolkien comenzó, probablemente no existía la fisión nuclear, y la encarnación contemporánea de Mordor estaba mucho más cerca de nuestras orillas. Pero el texto mismo nos enseña que Sauron es eterno; la guerra del Anillo solo es una de las mil guerras libradas contra él. En cada ocasión debemos ser sabios para temer su victoria definitiva, después de la cual no habrá «más canciones». Una y otra vez, debemos tener la clara evidencia de que «el viento sopla ahora del Este y cabe esperar que muy pronto todos los bosques comiencen a marchitarse». Cada vez que ganemos debemos saber que nuestra victoria no es permanente. Si nos empeñamos en preguntar por la lección moral del relato, es esta: un recordatorio del optimismo simplista y del pesimismo quejumbroso por igual, para esta dura, pero no desesperanzada, mirada al inalterable dilema del Hombre gracias al cual han existido las épocas heroicas. Aquí es donde se aprecia más intensamente la afinidad con lo nórdico; a mazazos, pero con compasión.

«Pero ¿por qué? —preguntan algunos— ¿por qué, si tienes un comentario serio que aportar sobre la vida real de los hombres, tienes que hacerlo con historias de un fantasmagórico país de nunca jamás de tu invención?». Porque, según entiendo, uno de los deseos principales del escritor es decir que la vida real de los hombres está hecha de esa cualidad mítica y heroica. Uno puede ver en funcionamiento este principio en su creación de personajes. Buena parte de lo que en una obra realista se conseguiría mediante la «presentación del personaje» aquí se logra simplemente haciendo que el personaje sea un elfo, un enano o un hóbbit. Los seres imaginarios tienen sus interioridades a plena vista, son almas visibles. Al Hombre en su conjunto, al Hombre enfrentado al universo, ¿lo hemos considerado acaso antes de contemplarlo como héroe de un cuento de hadas? En el libro, Eomer sugiere una imprudente disyuntiva entre la «tierra verde» y «el país de las leyendas». Aragorn le replica que la tierra verde es «buen asunto para una leyenda».

El valor del mito está en que toma todas las cosas que conocemos y les devuelve el rico y abundante significado que había quedado oculto tras el «velo de la familiaridad». El niño disfruta de los fiambres, que de otro modo no tragaría, imaginando que son de búfalo, cazado con su arco y sus flechas. Y el niño es sabio. La comida real se le presenta más sabrosa tras haberla mojado en la salsa de una historia; podría decirse que solo entonces es verdadera comida. Si estás cansado del paisaje que ves, míralo en un espejo. Al colocar el pan, el oro, el caballo, la manzana o los meros caminos en un mito, no nos alejamos de la realidad, la redescubrimos. Cuanto más se queda la historia en nuestra mente, más son ellas mismas las cosas reales. El libro aplica esta terapia no solo al pan o a la manzana, sino al bien y al mal, a los peligros que no dejan de acecharnos, a nuestra angustia y a nuestras alegrías. Al mojarlos en el mito, los vemos con más claridad. No creo que pudiera haberlo hecho de otra manera.

ON STORIES
«*El señor de los anillos* de Tolkien»

51

Por medio de Cristo vemos todo lo demás

Lecturas bíblicas
Efesios 2.1–10
Salmos 50.1–6

Ustedes recordarán el viejo acertijo de si fue antes el huevo o la gallina. La moderna aquiescencia del evolucionismo universal es una especie de ilusión óptica, producida por atender exclusivamente a la urgencia de la gallina frente al huevo. Se nos ha enseñado desde pequeños a ver cómo el roble perfecto crece de la bellota y a olvidar que la propia bellota cayó de las ramas de un perfecto roble. Se nos recuerda constantemente que el humano adulto fue un embrión, pero nunca que la vida del embrión se originó de dos humanos adultos. Nos encanta observar que el motor del tren actual es un descendiente del «cohete», pero no recordamos de la misma manera que el «cohete» no surge de algún ingenio más rudimentario, sino de algo mucho más perfecto y complicado: de un genio. La obviedad o naturalidad que la mayor parte de la gente parece encontrar en la idea del evolucionismo emergente parece ser, por lo tanto, una pura alucinación.

Por estos motivos y otros parecidos, uno se ve movido a pensar que, por muy ciertos que puedan ser otros aspectos, la cosmología científica popular en cualquier caso no lo es. Dejé ese barco no por el llamado de la poesía, sino porque pensé que no podría mantenerse a flote. Algo como el idealismo filosófico o el teísmo debe, a lo peor, ser menos verdadero aún. Y el idealismo resultaba ser, cuando se tomaba en serio, un teísmo disfrazado. Y una vez se aceptaba el teísmo, era imposible ignorar las demandas de Cristo. Cuando se las examina, me parece imposible adoptar una posición equidistante. O Cristo era un lunático o era Dios. Y él no era un lunático.

En el colegio me enseñaron, cuando hacía una suma, a «probar mi respuesta». La prueba o verificación de mi respuesta cristiana a la suma cósmica es esta. Cuando acepto la teología puedo encontrar dificultades, en tal o cual punto, para armonizarla con algunas verdades particulares que han sido inoculadas por la cosmología mítica derivada de la ciencia. Pero en la ciencia puedo entrar, o darle sitio, como un todo. Ya que la razón es previa a la materia y puesto que la luz de esa razón original ilumina las mentes finitas, puedo entender cómo los hombres podrían llegar a tener, mediante la observación

53

y la inferencia, un amplio conocimiento del universo en el que viven. Si, por otra parte, acepto la cosmología científica como un todo, no solo no puedo encajarla en el cristianismo, sino que ni siquiera puedo encajarla en la ciencia. Si las mentes dependen por completo de los cerebros, y los cerebros de la bioquímica, y la bioquímica (a la larga) del flujo azaroso de los átomos, no puedo entender cómo el pensamiento de esas mentes habría de tener un significado mayor que el sonido del viento en los árboles. Y esta es para mí la prueba definitiva. Así es como distingo el sueño de la vigilia. Cuando estoy despierto puedo, hasta cierto punto, explicar y estudiar mi sueño. El dragón que me persiguió anoche puede encajar en mi mundo despierto. Sé que hay unas cosas llamadas sueños; sé que comí una cena indigesta; sé que puedo esperar que un hombre de mis lecturas sueñe con dragones. Sin embargo, durante la pesadilla no habría podido encajarlo en mi experiencia consciente. El mundo de la vigilia se considera más real porque puede contener el mundo del sueño; el mundo soñado se considera menos real porque no puede contener el mundo despierto. Por la misma razón, tengo la seguridad de que, al pasar de los puntos de vista científicos a los teológicos, he pasado del sueño a la vigilia. La teología cristiana puede ser compatible con la ciencia, el arte, la moralidad y las religiones subcristianas. El punto de vista científico no puede ser compatible con ninguna de estas cosas, ni siquiera con la propia ciencia. Creo en el cristianismo como creo que el sol sale, no solo porque lo veo, sino porque por él veo todo lo demás.

EL PESO DE LA GLORIA
«¿La teología es poesía?»

TERCERA SEMANA

Redefinir el pecado

Lecturas bíblicas
Efesios 1.1–10
Salmos 2.1–12

Jesús pide a los presentes que aquellos que no tuvieran pecado tirasen la primera piedra. No pasemos por alto nuestra corrupción, sino reconozcámosla y confesémosla. Recordemos que «él es fiel y justo para perdonar nuestros pecados y limpiarnos de toda maldad».

I JUAN 1.9

Es esencial para el cristianismo recuperar el viejo sentido del pecado. Cristo da por supuesto que los hombres son malos. Mientras no reconozcamos que la presunción del Señor es verdadera, no formaremos parte de la audiencia a la que van dirigidas sus palabras, aun cuando pertenezcamos al mundo que Él vino a salvar. Nos falta la primera condición para entender de qué estamos hablando. Cuando los hombres intentan ser cristianos sin esta conciencia preliminar del pecado, el resultado es inevitablemente un cierto resentimiento contra Dios, al que se considera un ser continuamente enojado que pone siempre demandas imposibles. La mayoría de nosotros ha sentido alguna vez una secreta simpatía por aquel granjero agonizante que respondió a la disertación del vicario sobre el arrepentimiento con esta pregunta: «¿Qué daño le he hecho jamás a Él?». ¡Ahí está el problema! Lo peor que le hemos hecho a Dios consiste en haberle abandonado. ¿Por qué no puede Él devolver el cumplido? ¿Por qué no seguir la máxima «vive y deja vivir»? ¿Qué necesidad tiene Él, entre todos los seres, para estar «enfadado»? ¡Para Él es fácil ser bueno!

En los momentos, muy infrecuentes en nuestra vida, en que el hombre siente verdadera culpabilidad, desaparecen todas esas blasfemias. Tal vez nos parezca que muchas cosas deban ser perdonadas como debilidades humanas. Pero no ese género de acciones inconcebiblemente sórdidas y repugnantes que ninguno de nuestros amigos haría jamás, de las que incluso un perfecto sinvergüenza como X sentiría vergüenza y que nosotros no permitiríamos que se divulgaran. Actos así no se pueden perdonar. Cuando los cometemos, percibimos cuán odiosa es y debe ser para los hombres buenos, y para cualquier poder superior al hombre que pudiera existir, nuestra naturaleza tal como se trasluce en esas acciones.

Un dios que no las mirara con disgusto incontenible no sería un ser bueno. Un dios así no podría ser deseado por nosotros. Hacerlo sería como desear que desapareciera del universo el sentido del olfato, que el aroma del humo, de las rosas o del mar no deleitara nunca más a las criaturas por el hecho de que nuestro aliento huela mal.

Cuando nos limitamos a *decir* que somos malos, la «cólera» de Dios parece una doctrina bárbara. Mas tan pronto como la *percibimos*, nuestra maldad aparece inevitablemente como un corolario de la bondad de Dios. Para comprender adecuadamente la fe cristiana, por tanto, debemos tener presente en todo momento el conocimiento alcanzado en los momentos que acabo de describir, y aprender a descubrir la injustificable corrupción, bajo unos disfraces cada vez más complicados. Nada de esto es, por supuesto, una doctrina nueva. En este capítulo no pretendo nada extraordinario. Tan sólo trato de hacer pasar al lector, pero más todavía a mí mismo, por el *pons asinorum*, intento que dé el primer paso para salir del paraíso de los necios y escapar de lo absolutamente ilusorio.

EL PROBLEMA DEL DOLOR
«La maldad humana»

LUNES

El anhelo del cielo

Lecturas bíblicas
I Corintios 1.20–25
Salmos 74.12–17

La esperanza es una de las virtudes teologales. Esto significa que una continua expectativa de la vida eterna no es (como piensan algunas personas modernas) una forma de escapismo o de deseo proyectado, sino una de las cosas que un cristiano tiene que hacer. No significa que debemos dejar este mundo tal como está. Si leemos la historia veremos que los cristianos que más hicieron por este mundo fueron aquellos que pensaron más en el otro. Los apóstoles mismos, que iniciaron a pie la conversión del Imperio Romano, los grandes hombres que construyeron la Edad Media, los Evangélicos ingleses que abolieron el mercado de esclavos, todos ellos dejaron su marca sobre la tierra, precisamente porque sus mentes estaban ocupadas en el cielo. Es desde que la mayor parte de los cristianos han dejado de pensar en el otro mundo cuando se han vuelto tan ineficaces en éste. Si nuestro objetivo es el cielo, la tierra se nos dará por añadidura; si nuestro objetivo es la tierra, no tendremos ninguna de las dos cosas. Parece una extraña regla, pero algo parecido puede verse funcionando en otros asuntos. La salud es una gran bendición, pero en el momento en que hacemos de ella uno de nuestros objetivos directos y principales, nos convertimos en unos hipocondríacos y empezamos a pensar que estamos enfermos. Es probable que disfrutemos de salud sólo si deseamos más otras cosas... comida, juegos, trabajo, diversión, aire libre. Del mismo modo, jamás salvaremos a la civilización mientras la civilización sea nuestro principal objetivo. Debemos aprender a desear otras cosas aún más.

La mayoría de nosotros encuentra muy difícil desear el cielo, salvo si esto significa volver a encontrarnos con nuestros amigos que han muerto. Una de las razones de esta dificultad es que no hemos sido entrenados: toda nuestra educación tiende a fijar nuestras mentes en este mundo. Otra de las razones es que cuando el verdadero deseo del cielo está presente en nosotros no lo reconocemos. La mayoría de las personas, si realmente hubieran aprendido a mirar dentro de sus corazones, sabrían que sí desean, y desean intensamente, algo que no puede obtenerse en este mundo. Hay toda clase de cosas en este mundo que ofrecen darnos precisamente eso, pero no acaban de cumplir su promesa. El deseo que despierta en nosotros cuando nos enamoramos por primera vez, o cuando por primera vez pensamos en algún país extranjero, o cuando nos interesamos en algún tema que nos entusiasma, es un deseo que ninguna boda, ningún viaje, ningún conocimiento pueden realmente satisfacer. No hablo ahora de lo que normalmente se calificaría de matrimonios, o vacaciones, o estudios fracasados. Estoy hablando de los mejores posibles. Hubo algo que percibimos, en esos primeros momentos de deseo, que simplemente se esfuma en la realidad. Creo que todos sabéis a qué me refiero. La esposa puede ser una buena esposa, y los hoteles y paisajes pueden haber sido excelentes, y la química puede ser una ocupación interesante, pero algo se nos ha escapado. Hay dos maneras equivocadas de tratar con este hecho, y una correcta.

(1) La manera del necio. Les echa la culpa a las cosas en sí. Sigue pensando durante toda su vida que sólo con que lo hubiera intentado con otra mujer, o se hubiera tomado unas vacaciones más caras, o lo que fuese, entonces, esta vez, sí que aprehendería ese algo misterioso detrás de lo cual vamos todos. La mayor parte de los ricos aburridos e insatisfechos de este mundo pertenecen a este grupo. Pasan su vida entera de mujer en mujer (a través de los juzgados de divorcio), de continente en continente, de afición en afición, pensando siempre que lo último es por fin «lo verdadero», y siempre desilusionados.

(2) La manera del «hombre práctico» desencantado. Este pronto decide que todo ha sido un espejismo. «Claro —dice—, uno se siente así cuando es joven. Pero cuando se llega a mi edad ya se ha renunciado a las ilusiones». Y entonces se sosiega y aprende a no esperar demasiado y reprime la parte de sí mismo que solía, como él diría, «llorar por la luna». Esto es, por supuesto, una manera mucho mejor que la primera, y hace que un hombre sea mucho más feliz, y mucho menos molesto para la sociedad. Tiende a convertirlo en un pedante (suele adoptar un aire de superioridad hacia los que él llama «adolescentes»), pero, en general, se las arregla bastante bien. Sería la mejor actitud que podríamos adoptar si el hombre no viviera para siempre. Pero supongamos que la felicidad infinita está realmente ahí, esperándonos. Supongamos que sí pudiéramos alcanzar el final del arco iris. En ese caso sería una lástima descubrir demasiado tarde (un momento después de la muerte) que gracias a nuestro supuesto «sentido común» hemos reprimido en nosotros la facultad de disfrutarla.

(3) La manera cristiana. El cristiano dice: «Las criaturas no nacen con deseos a menos que exista la satisfacción de esos deseos. Un niño recién nacido siente hambre: bien, existe algo llamado comida. Un patito quiere nadar: bien, existe algo llamado agua. Los hombres sienten deseo sexual: bien, existe algo llamado sexo. Si encuentro en mí mismo un deseo que nada de este

mundo puede satisfacer, la explicación más probable es que fui hecho para otro mundo. Si ninguno de mis placeres terrenales lo satisface, eso no demuestra que el universo es un fraude. Probablemente los placeres terrenales nunca estuvieron destinados a satisfacerlos, sino sólo a excitarlos, a sugerir lo auténtico. Si esto es así, debo cuidarme, por un lado, de no despreciar nunca, o desagradecer, estas bendiciones terrenales, y por otro, no confundirlos con aquello otro de lo cual estos son una especie de copia, o eco, o espejismo. Debo mantener vivo en mí mismo el deseo de mi verdadero país, que no encontraré hasta después de mi muerte; jamás debo dejar que se oculte o se haga a un lado; debo hacer que el principal objetivo de mi vida sea seguir el rumbo que me lleve a ese país y ayudar a los demás a hacer lo mismo».

No hay necesidad de preocuparse por los bromistas que intentan ridiculizar la idea del «Cielo» cristiano diciendo que no quieren «pasarse el resto de la eternidad tocando el arpa». La respuesta a esas personas es que si no pueden comprender libros escritos para personas mayores no deberían hablar de ellos. Toda la imaginería de las Escrituras (arpas, coronas, oro, etc.) es, por supuesto, un intento meramente simbólico de expresar lo inexpresable. Los instrumentos musicales se mencionan porque para muchos (no para todos) la música es lo que conocemos en la vida presente que con más fuerza sugiere el éxtasis y lo infinito. Las coronas se mencionan para sugerir el hecho de que aquellos que se unen con Dios en la eternidad comparten Su esplendor, Su poder y Su gozo. El oro se menciona para sugerir la intemporalidad del Cielo (el oro no se oxida) y su preciosidad. La gente que toma estos símbolos literalmente bien puede creer que cuando Cristo nos dijo que fuéramos como palomas quería decir que debíamos poner huevos.

MERO CRISTIANISMO

«Esperanza»

La medicina de Dios

Lecturas bíblicas
Jeremías 31.31–34
Salmos 19.1–6

Hasta aquí lo dicho sobre el sentido en que la muerte humana es el resultado del pecado y el triunfo de Satanás. Pero es también el medio de la redención del pecado, la medicina de Dios para el hombre y su arma contra Satanás. En un sentido general, no es difícil entender cómo la misma cosa puede ser un golpe maestro por parte de uno de los combatientes y a la vez ser el medio mismo a través del cual lo derrota el combatiente superior. Todo buen general, todo buen ajedrecista, toma el que es precisamente el punto fuerte del plan de su oponente y convierte dicho punto en el eje de su propio plan. Cómete mi torre si insistes. No era esa mi intención original; pensaba, de hecho, que tendrías más cabeza. Pero cómetela, no importa. Porque ahora muevo así… y así… y te hago mate en tres movimientos. Hay que suponer que algo parecido ocurrió en cuanto a la muerte. Que nadie diga que estas metáforas son demasiado triviales para ilustrar un asunto tan elevado. Mucho menos adecuadas son las metáforas que en nuestra época (sin que las advirtamos y sin reconocerlas en absoluto como metáforas) hemos asimilado del mundo de la mecánica y los minerales, y que dominarán toda nuestra mentalidad en cuanto bajemos la guardia con ellas.

Puede verse cómo habría ocurrido eso. El enemigo seduce al hombre para que se rebele contra Dios; el hombre, al hacerlo, pierde el poder para controlar esa otra rebelión que ahora el enemigo suscita en el organismo del hombre (tanto físico como psíquico) contra el espíritu del hombre. Al mismo tiempo, ese organismo pierde a su vez poder para mantenerse contra la rebelión de lo inorgánico. De ese modo, Satanás produjo la muerte humana. Pero, cuando Dios creó al hombre, le dio una constitución de tal clase que, si la parte superior de dicha constitución se rebelaba contra Dios, perdería el control de las partes inferiores; es decir, a la larga, padecería la muerte. Esto puede verse también como una sentencia punitiva («El día que de él comieres, morirás»), como una expresión de misericordia y como un instrumento de seguridad. Es punitiva porque la muerte —esa de la que Marta le dice a Cristo: «Señor, *hiede* ya»— es horror e ignominia. («No siento tanto temor de la muerte como vergüenza de ella», dijo sir Thomas Brown). Es misericordia porque, mediante un sometimiento humilde y voluntario a ella, el hombre deshace su acto de rebelión y convierte incluso este depravado y monstruoso modo de muerte en un ejemplo de esa muerte mística y superior que es eternamente buena y forma parte necesaria de la vida más alta. «La disposición es todo». No, desde luego, la disposición del simple heroísmo, sino la de la humildad y la autorrenuncia. Nuestro enemigo, con esta bienvenida de nuestra parte, se convierte en nuestro siervo: la muerte física, el monstruo, se convierte en bendita muerte espiritual al yo, si el espíritu así lo quiere; o, mejor dicho, si permite que el Espíritu del Dios que muere voluntariamente lo quiera así en él. Es un instrumento de seguridad porque, una vez caído el hombre, la inmortalidad natural sería para él el destino más difícil de conseguir. Ayudado para el sometimiento que debe realizar por la ausencia de necesidad externa de muerte, libre (si llamamos libertad a esto) solo para apretar en torno a sí más y más, a lo largo de siglos y siglos, las cadenas de su propio orgullo y lujuria de civilizaciones de pesadilla que esos grilletes refuerzan con una fuerza y complejidad cada vez mayores, el hombre pasaría de ser caído a ser maligno, posiblemente alejado de toda clase de redención. Este peligro se evitó. En la naturaleza compuesta con la que fue creado el hombre estaba implícita la sentencia de que los que comieran del fruto prohibido se quedarían sin acceso al Árbol de la Vida. Pero, para convertir esta pena de muerte en medio para la vida eterna —para añadir a su función negativa y preventiva una función positiva y salvífica—, fue después necesario que se aceptase la muerte. La humanidad debe abrazar la muerte libremente, someterse a ella con total humildad, beberla hasta el fondo, y así convertirla en esa muerte mística que es el secreto de la vida. Pero solo un hombre que no necesitase en absoluto haber sido un hombre, salvo por elección propia, solo uno que sirviera en nuestro lamentable regimiento como voluntario, pero que a la vez fuese completamente hombre, podía llevar a cabo esta muerte perfecta; y así (no importa cómo lo expresemos) o bien derrota a la muerte o bien la redime. Sufrió la muerte en lugar de todos los demás. Él es el «muriente» representativo del universo y, por esa misma razón, la Resurrección y la Vida. O viceversa, puesto que él vive verdaderamente, muere verdaderamente, porque ese es el patrón mismo de la realidad. Puesto que lo superior puede descender a lo inferior, aquel que desde toda la eternidad ha estado incesantemente sumergiéndose en la bendita muerte de la sumisión propia al Padre puede asimismo descender más plenamente a la horrenda y (para nosotros) involuntaria muerte del cuerpo. Puesto que la Vicariedad es el idioma mismo de la realidad que él ha creado, su muerte puede llegar a ser la nuestra. El Milagro total, lejos de negar lo que ya conocemos de la realidad, escribe el comentario que aclara al máximo este complejo texto. O, mejor dicho, demuestra que él es el texto y que la naturaleza solo es su comentario. En la ciencia hemos estado leyendo únicamente las notas a un poema; el poema propiamente dicho lo encontramos en el cristianismo.

LOS MILAGROS
«El Gran Milagro»

La promesa del perdón

Lecturas bíblicas
I Juan 1.5–10
Salmos 19.7–14

Decimos muchas cosas en la iglesia (y fuera también) sin pensar en lo que estamos diciendo. Por ejemplo, decimos en el Credo: «Creo en el perdón de los pecados». Lo llevaba diciendo varios años antes de preguntarme por qué se encontraba en el Credo. A primera vista parece muy digno de ser puesto ahí. «Si uno es cristiano —pensé—, por supuesto que cree en el perdón de los pecados. No hace falta decirlo». Pero la gente que compiló el Credo pensó, al parecer, que esta era una parte de nuestras creencias que necesitábamos que nos recordasen cada vez que fuéramos a la iglesia. Y he comenzado a ver que, en lo que a mí me concierne, tenían razón. Creer en el perdón de los pecados no es tan fácil como pensaba. La creencia real en ello es de la clase de cosas que se desvanecen fácilmente si no la perfeccionamos de manera constante.

Creemos que Dios perdona nuestros pecados; pero también que él no lo hará a menos que nosotros perdonemos a otras personas sus pecados contra nosotros. No hay duda de la segunda parte de esta declaración. Está en el Padre Nuestro; fue expresado enfáticamente por nuestro Señor. Si no perdonas no serás perdonado. Ninguna parte de su enseñanza es más clara, y no hay excepciones. No dice que hemos de perdonar los pecados de otras personas a condición de que no sean demasiado espantosos, o a condición de que haya circunstancias atenuantes, o algo por el estilo. Hemos de perdonarlos todos, sin importar cuán malintencionados o mezquinos sean ni cuán a menudo se repitan. Si no lo hacemos, no será perdonado ni uno de los nuestros.

Ahora bien, me parece que a menudo cometemos un error con el perdón de nuestros pecados de parte de Dios y con el perdón que se nos dice que hemos de ofrecer a los pecados de otros. Hablemos primero sobre el perdón de Dios. Entiendo que, cuando pienso que le estoy pidiendo a Dios que me perdone, en realidad (a menos que me observe a mí mismo con mucha atención) le estoy pidiendo que haga algo bastante diferente. Le estoy pidiendo no que me perdone, sino que me excuse. Pero hay una gran diferencia entre perdonar y excusar. El perdón dice: «Sí, has hecho esto, pero acepto tus disculpas; nunca volveré a usarlo en tu contra y entre nosotros dos todo será exactamente igual que antes». Pero la excusa dice: «Veo que no has podido evitarlo o que no querías hacerlo; no eras realmente culpable». Si uno no era realmente culpable, no hay nada que perdonar. En ese sentido, el perdón y la excusa son casi opuestos. Por supuesto, en docenas de casos, ya sea entre Dios y el hombre o entre un hombre y otro, puede que haya una mezcla de los dos. Parte de lo que al principio parecían ser los pecados luego realmente no resultó ser culpa de nadie y se excusó; lo poco que queda se perdona. Si tuvieras una excusa perfecta, no necesitarías perdón; si toda tu acción necesita perdón, entonces no hay excusa para ti. Pero el problema es que aquello que llamamos «pedir el perdón de Dios» a menudo realmente consiste en pedirle a Dios que acepte nuestras excusas. Lo que nos conduce a este error es el hecho de que habitualmente encontramos algunas excusas, ciertas «circunstancias atenuantes». Estamos tan ansiosos por señalárselas a Dios (y a nosotros mismos) que tenemos tendencia a olvidar lo realmente importante, esto es, esa pequeña parte restante, esa que las excusas no cubren, que es inexcusable pero que, gracias a Dios, no es imperdonable. Y si la olvidamos, nos marcharemos imaginándonos que nos hemos arrepentido y que hemos sido perdonados cuando lo que ha ocurrido en realidad es que hemos quedado satisfechos con nuestras propias excusas. Puede que sean excusas muy malas, pues nos quedamos satisfechos con demasiada facilidad.

Existen dos remedios para este peligro. Uno es recordar que Dios conoce todas las excusas reales mucho mejor que nosotros. Si realmente existen «circunstancias atenuantes», no hay miedo de que él vaya a subestimarlas. A menudo, él debe conocer muchas excusas en las que nosotros nunca hemos pensado, y por eso las almas humildes, después de la muerte, tendrán la deliciosa sorpresa de descubrir que en ciertas ocasiones pecaron mucho menos de lo que habían pensado. Él se hará cargo de todas las excusas reales. Lo que tenemos que llevarle es esa parte inexcusable, el pecado. Al hablar de todas las partes que (pensamos) pueden excusarse, no hacemos otra cosa que perder tiempo. Cuando van al médico le muestran la pequeña parte que está mal; por ejemplo, un brazo roto. Sería una pérdida de tiempo seguir explicándole que tienen las piernas, los ojos y la garganta completamente bien. Puede que se equivoquen al pensar eso y, de todos modos, si realmente están bien, el médico lo sabrá.

El segundo remedio es creer real y verdaderamente en el perdón de los pecados. Una gran parte de nuestro afán por dar excusas viene en realidad de nuestra incredulidad, de pensar que Dios no nos recibirá de nuevo si no encontramos alguna clase de argumento a nuestro favor. Pero entonces no sería perdón. El perdón real significa mirar directamente al pecado, a ese que queda sin ninguna excusa, después de todas las concesiones que se han hecho, y verlo con todo su horror, su suciedad, su vileza y malicia, y a pesar de todo reconciliarse completamente con el hombre que lo ha cometido. Eso, y solo eso, es perdón, y podemos siempre recibirlo de Dios si lo pedimos.

EL PESO DE LA GLORIA
«Sobre el perdón»

Las tres clases de personas

Lecturas bíblicas
Lucas 21.1–19
Salmos 102.1–11

Hay tres clases de personas en el mundo. La primera es la de los que viven simplemente para sí, los que tratan al Hombre y a la Naturaleza como materia prima de la que echar mano y aprovecharse para su propio servicio. En la segunda clase tenemos a los que admiten que existe algún tipo de autoridad al que plegarse —la voluntad de Dios, el imperativo categórico o el bien de la sociedad— y tratan sinceramente de seguir sus propios intereses de manera que no quebranten los límites de esa autoridad. Intentan someterse a todo lo que demanda esa autoridad superior, como cuando uno tiene que pagar los impuestos, pero con la esperanza, compartida con el resto de tributarios, de que les quede lo suficiente para vivir. Tiene la vida dividida, como el soldado o el alumno, entre el tiempo del desfile y el que no es de desfile, el de estar en la escuela y el de no estar en ella. Pero existe una tercera clase, la de los que pueden decir, como san Pablo, que, para ellos, «el vivir es Cristo». Estas personas se han quitado de encima la tediosa faena de buscar el equilibrio entre las demandas del Yo y las de Dios gracias a que han rechazado de plano someterse al Yo. La antigua voluntad egoísta se ha reorientado, recompuesto y convertido en algo nuevo. La voluntad de Cristo ya no limita la de estas personas, porque la voluntad de Cristo es la voluntad de ellas.

Y, puesto que hay tres clases, sería un desastre dividir el mundo únicamente entre bueno y malo. Eso pasaría por alto el hecho de que los miembros de la segunda clase (a la que pertenecemos la mayoría) son siempre, necesariamente, desgraciados. Los impuestos que tributamos por nuestros deseos no nos dejan suficiente para vivir. Mientras estamos en esta clase, debemos o bien sentirnos culpables por no haber pagado el tributo o bien sufrir penurias por sí haberlo pagado. La doctrina cristiana de que no hay «salvación» por medio de las obras que realicemos siguiendo la ley moral forma parte de la experiencia cotidiana. Debemos retroceder o avanzar. Pero no hay avance si dependemos solo de nuestros esfuerzos. Si el nuevo Yo, la nueva Voluntad, no llega a nacer en nosotros a Su buena discreción, nosotros no podemos sintetizarlo.

El precio de Cristo es algo, en cierto sentido, mucho más fácil que el esfuerzo moral: es quererlo a él. Cierto que el querer en sí estaría fuera de nuestra capacidad, excepto por un hecho. El mundo ha sido creado de tal manera que el modo de conseguir abandonar nuestras satisfacciones es que ellas nos abandonen. La guerra, los problemas y, por último, la vejez nos van quitando una a una todas esas cosas que el Yo natural esperaba. Nuestra única sabiduría está en rogar, y el querer algo nos facilita ser suplicantes. Incluso en esas condiciones, la Misericordia nos recibirá.

PRESENT CONCERNS
«Tres clases de hombres»

Invitación al éxtasis divino

Lecturas bíblicas
Romanos 8.26–39
Salmos 44.20–26

*Lewis era experto en literatura medieval, y la lectura de hoy es
de uno de sus libros sobre esa época.*

Desde una perspectiva teológica, el protestantismo
fue o bien una recuperación, o un desarrollo, o una
exageración (no le corresponde al historiador de la literatura precisar cuál de las tres) de la teología pau-
lina [...]. En la mente de Tyndale o Lutero, como en
la del propio Pablo, esta teología no era en absoluto
una construcción intelectual creada en beneficio del
pensamiento especulativo. Brota directamente de una
experiencia religiosa muy especializada; y todas sus
afirmaciones, cuando se separan de ese contexto, pier-
den su sentido o incluso significan lo contrario de lo
que se esperaba.

Algunas proposiciones que en su origen tenían el único objetivo de ensalzar la misericordia de Dios como algo ilimitado, increíble y de una gratuidad extrema llegan a convertirse, cuando se extrapolan y sistematizan, en algo parece no diferenciarse de una adoración maligna. La experiencia es la de una conversión cataclísmica. El hombre que la ha vivido se siente como alguien que ha pasado de una pesadilla al éxtasis. Al igual que un amante correspondido, siente que no ha hecho, ni jamás podría haber hecho, nada para merecer tan extraordinaria felicidad. No volverá a «pavonearse desde el muladar del desierto». Toda la iniciativa partió de Dios; todo ha sido gracia abundante y gratuita. Y todo seguirá siendo gracia abundante y gratuita. Sus propios esfuerzos, ridículos y enclenques, serían tan inútiles para retener el gozo como lo habrían sido para conseguirlo. Afortunadamente, no lo hicieron. La dicha no está en venta, no se puede ganar. Las «obras» no tienen «mérito», aunque la fe, por supuesto, de manera inevitable, hasta inconsciente, resulta en obras de amor. No se salvó porque realizara obras de amor: hace obras de amor porque es salvo. Es la fe sola la que lo ha salvado: una fe concedida como puro regalo. De esta floreciente humildad, de este adiós al yo con todas sus buenas intenciones, su afán, sus escrúpulos y dudas, es de donde brotaron en origen las doctrinas protestantes.

Quede claro que en su inicio no eran doctrinas de terror, sino de alegría y esperanza: en realidad, más que esperanza y satisfacción, como dice Tyndale, el convertido está ya gustando la vida eterna. La consideración de la doctrina de la predestinación, según el Artículo XVII, «es para las personas piadosas una fuente de una dulce, agradable e indecible tranquilidad». Pero ¿y para las personas no piadosas? En la experiencia original no se suscita esta pregunta. No hay generalizaciones. No estamos construyendo un sistema. Cuando comenzamos a hacerlo es cuando aparecen problemas fastidiosos y soluciones muy oscuras. Pero estos horrores, tan familiares para el lector actual (sobre todo para el lector moderno de ficción), solo son productos de la nueva teología. Sorprende hasta qué punto están ausentes del pensamiento de los primeros protestantes. Las notas características son el alivio y el optimismo. En una sola frase del *Tischreden*, Lutero desecha la cuestión de un plumazo y para siempre. ¿Dudas sobre si has sido elegido para la salvación? Pues di tus oraciones, hombre, y podrás llegar a la conclusión de que lo has sido. Así de fácil.

ENGLISH LITERATURE IN THE SIXTEENTH
CENTURY EXCLUDING DRAMA
páginas 33–34

El gozo de Dios es nuestro gozo

Lecturas bíblicas
Hebreos 2.5–11
Salmos 8.1–9

Dios nos hizo: nos inventó del mismo modo que un hombre inventa una máquina. Un coche está hecho para funcionar con gasolina, y no funcionaría adecuadamente con ninguna otra cosa. Pues bien, Dios diseñó a la máquina humana para que funcionara con Él. El combustible con el que nuestro espíritu ha sido diseñado para funcionar, o la comida que nuestro espíritu ha sido diseñado para comer es Dios mismo. No hay otra cosa. Esa es la razón por la que no sirve de nada pedirle a Dios que nos haga felices a nuestra manera sin molestarnos con la religión. Dios no puede darnos paz ni felicidad aparte de Él, porque no existen. No existe tal cosa.

Esa es la clave de la historia. Se gasta una tremenda energía, se construyen civilizaciones, se pergeñan excelentes instituciones, pero cada vez algo sale mal. Algún defecto fatal acaba por llevar a la cima a las gentes crueles y egoístas y todo se desploma en la miseria y en la ruina. De hecho, la máquina se rompe. Parece empezar bien, consigue avanzar unos cuantos metros, y luego se rompe. Porque intentan que funcione con el combustible equivocado. Eso es lo que Satán nos ha hecho a los seres humanos.

¿Y qué hizo Dios? En primer lugar, nos dejó la conciencia, el sentido del bien y del mal: y a lo largo de la historia ha habido individuos que han intentado (algunos de ellos con gran empeño) obedecerlo. Ninguno de ellos lo consiguió del todo. En segundo lugar, Dios envió a la raza humana lo que yo llamo sueños felices: me refiero a esas extrañas historias esparcidas por todas las religiones paganas acerca de un Dios que muere y vuelve después a la vida y que, por medio de su muerte, ha dado de algún modo nueva vida a los hombres. En tercer lugar, escogió a un pueblo en particular y pasó varios siglos metiéndoles en la cabeza la clase de Dios que era —que sólo había uno como Él y que le interesaba la buena conducta—. Ese pueblo era el pueblo judío, y el Antiguo Testamento nos relata todo ese proceso.

Pero entonces viene lo más chocante. Entre estos judíos aparece de pronto un hombre que va por ahí hablando como si Él fuera Dios. Sostiene que Él perdona los pecados. Dice que Él siempre ha existido. Dice que vendrá a juzgar al mundo al final de los tiempos. Pero aclaremos una cosa. Entre los panteístas, como los hindúes, cualquiera podría decir que él es parte de Dios, o uno con Dios: no habría nada de extraño en ello. Pero este hombre, dado que era un judío, no podía referirse a esa clase de Dios. Dios, en el lenguaje de los judíos, significaba el Ser aparte del mundo que Él había creado y que era infinitamente diferente de todo lo demás. Y cuando hayáis caído en la cuenta de ello veréis que lo que ese hombre decía era, sencillamente, lo más impresionante que jamás haya sido pronunciado por ningún ser humano.

Una parte de su pretensión tiende a pasar inadvertida porque la hemos oído tantas veces que ya no nos damos cuenta de lo que significa. Me refiero al hecho de perdonar los pecados: todos los pecados. Ahora bien; a menos que el que hable sea Dios, esto resulta tan absurdo que raya en lo cómico. Todos podemos comprender el que un hombre perdone ofensas que le han sido infligidas. Tú me pisas y yo te perdono, tú me robas el dinero y yo te perdono. ¿Pero qué hemos de pensar de un hombre, a quien nadie ha pisado, a quien nadie ha robado nada, que anuncia que él te perdona por haber pisado a otro hombre o haberle robado a otro hombre su dinero? Necia fatuidad es la descripción más benévola que podríamos hacer de su conducta. Y sin embargo esto es lo que hizo Jesús. Les dijo a las gentes que sus pecados eran perdonados, y no esperó a consultar a las demás gentes a quienes esos pecados habían sin duda perjudicado. Sin ninguna vacilación se comportó como si Él hubiese sido la parte principalmente ofendida por esas ofensas. Esto tiene sentido sólo si Él era realmente ese Dios cuyas reglas son infringidas y cuyo amor es herido por cada uno de nuestros pecados. En boca de cualquiera que no fuese Dios, estas palabras implicarían lo que yo no puedo considerar más que una estupidez y una vanidad sin rival en ningún otro personaje de la historia.

MERO CRISTIANISMO
«La chocante alternativa»

CUARTA SEMANA

Oración imaginativa

Lecturas bíblicas
Marcos 8.34–9.1
Salmos 91.1–8

Hay una imagen mental que no me mueve a entrar en elaboraciones triviales. Me refiero a la crucifixión, pero no vista como aparece en todos los cuadros y crucifijos, sino como cabe suponer que fue en su cruda realidad histórica. Pero incluso esto tiene menos importancia espiritual de lo que uno esperaría. Se asfixia a la contrición, a la compasión y a la gratitud (todas ellas emociones de provecho), pues el puro terror físico no deja lugar para ellas. Es como una pesadilla. Pese a todo, hay que enfrentarse periódicamente a esa imagen. Pero nadie podría vivir con ella. No se convirtió en motivo habitual del arte cristiano hasta que murieron todos los que habían visto crucifixiones reales. En cuanto a los himnos y sermones que abordan el tema —dando una y mil vueltas a la sangre, como si fuera lo único que importase— deben ser obra o bien de personas tan superiores a mí que no me tocan, o bien de personas carentes de la más mínima imaginación. (Algunos podrían estar separados de mí por ambas simas).

Sin embargo, las imágenes mentales desempeñan un papel muy importante en mis oraciones. No sé si hay algún acto de mi voluntad, de mi pensamiento o de mis emociones que se produzca sin ellas, pero, al parecer, cuando más me ayudan es cuando más fugitivas y fragmentarias son, brotando y estallando como burbujas de champán o revoloteando como grajos en un día de viento: cuando se contradicen entre sí (lógicamente) como las metáforas que abarrotan la creatividad de un ágil poeta. Si te fijas en una, desaparece. Debes hacer lo que haría Blake con un motivo de alegría: besarlo mientras vuela y escapa. Y entonces, en su efecto total, me hacen llegar algo muy importante. Siempre es algo cualitativo, más parecido a un adjetivo que a un nombre. Para mí, eso es lo que le confiere un efecto de realidad, pues creo que respetamos demasiado los nombres (y lo que creemos que significan). Todas mis experiencias más profundas, y desde luego las primeras, parecen haber sido de cualidad. La cualidad de lo terrible y lo amable tiene más solera y consistencia que las cosas terribles y amables. Si se pudiera traducir una frase musical en palabras, se convertiría en un adjetivo. Un gran poema lírico se parece mucho a un extenso y totalmente atinado adjetivo. Platón no fue tan necio como creen los modernos cuando elevó los nombres abstractos —es decir, los adjetivos disfrazados de substantivos— a la categoría de realidades supremas: las Formas.

Ya sé que, en la lógica, Dios es una «substancia». Pero incluso en este punto se me permite tener sed de cualidad: «Te damos gracias por tu gran gloria». Él es esta gloria. Lo que Dios es (la cualidad) no es una abstracción de Dios. Es, desde luego, un Dios personal, pero mucho más que personal. Dicho con más sobriedad: la distinción entre «cosas» y «cualidades», «substancias» y «actitudes» no se aplica a Dios. Quizás también tiene mucho menos que ver de lo que creemos con el universo creado. Tal vez solo sea parte del escenario.

La oleada de imágenes con las que rociamos nuestro entorno cuando oramos, todas ellas pasajeras, todas correctoras, purificadoras y de estímulo mutuo, aportan una especie de cuerpo espiritual a lo inimaginable. Y se dan, creo yo, más en los actos de adoración que en las oraciones rogatorias; de estas ya he escrito suficiente, me parece. Pero no me arrepiento. Ellas son el punto de partida. Dan salida a todos los problemas. Si alguien intentase practicar, o debatir, las formas más altas sin aplicarse este torniquete, yo no me fiaría, «porque lo más alto no se sostiene sin lo más bajo». Creo que, cuando se omite o se resta importancia a la oración de petición, a veces se debe no a una santidad superior, sino a una falta

de fe y a la consecuente preferencia por niveles en los que
moleste tanto la pregunta: «¿Solo hago cosas para mí?».

CARTAS A MALCOLM
Capítulo 16

La gloria en todo lo que hacemos

Lecturas bíblicas
Romanos 8.26–34
Salmos 91.9–16

El llamado de Dios es infinito e inexorable. Puedes rechazarlo o puedes comenzar a intentar reconocerlo. No hay término medio. Aun así, a pesar de esto, está claro que el cristianismo no excluye ninguna de las actividades humanas usuales. San Pablo les dice a los cristianos que continúen con sus trabajos. Incluso da por hecho que pueden asistir a veladas y, lo que es más, a veladas ofrecidas por paganos. Nuestro Señor asiste a una boda y proporciona vino milagroso. Bajo la tutela de su iglesia, y en la mayoría de épocas cristianas, el aprendizaje y las artes florecen. La solución a esta paradoja les resulta, por supuesto, bien conocida. «Si, pues, coméis o bebéis, o hacéis otra cosa, hacedlo todo para la gloria de Dios».

Todas nuestras actividades meramente naturales serán aceptadas si se ofrecen a Dios, incluso las más humildes;

si no, todas ellas, incluso las más nobles, serán peca-
minosas. El cristianismo no viene y reemplaza simplemente nuestra vida natural y la sustituye por una nueva;
es más bien una nueva organización la que aprovecha,
para sus propios fines sobrenaturales, estos materiales
naturales. Sin duda, en una situación determinada, demanda el sometimiento de ciertas, o de todas, nuestras
actividades meramente humanas; es mejor ser salvo con
un ojo que, teniendo dos, ser confinado al Gehena. Pero
lo hace, en cierto sentido, *per accidens*: porque, en estas
circunstancias especiales, ha dejado de ser posible practicar tal o cual actividad para la gloria de Dios. No existe
una disputa esencial entre la vida espiritual y las actividades humanas como tales. Por esto la omnipresencia
de la obediencia a Dios en la vida cristiana es, en cierto
modo, análoga a la omnipresencia de Dios en el espacio.
Dios no llena el espacio como un cuerpo lo llenaría, en
el sentido de que partes de él estarían en diferentes partes del espacio, excluyendo de ellas a otros objetos. Aun
así, él está en todas partes —totalmente presente en cada
punto del espacio— según los buenos teólogos.

Nosotros estamos ahora en la posición de responder
a la visión de que la cultura humana es una frivolidad
inexcusable por parte de criaturas como nosotros, carga-
das con tan terribles responsabilidades. Rechazo de inmediato una idea que persiste en la mente de algunas
gentes modernas, que las actividades culturales tienen

su merecido derecho espiritual: como si los eruditos y los poetas complacieran intrínsecamente a Dios más que los pordioseros y los limpiabotas. Creo que fue Matthew Arnold quien usó en primer lugar la palabra *espiritual* en el sentido de la alemana *geistlich*, y de este modo inauguró este peligrosísimo y anticristiano error. Apartémoslo para siempre de nuestras mentes. El trabajo de Beethoven y el trabajo de una asistenta se vuelven espirituales bajo las mismas precisas condiciones, que son las de ser ofrecidos a Dios, de haber sido hechos humildemente «como para el Señor». Esto no significa, por supuesto, que alguien deba echar a suertes si debe limpiar habitaciones o componer sinfonías. Un topo debe excavar para la gloria de Dios y un gallo debe cacarear. Somos miembros de un cuerpo, pero miembros diferenciados, cada uno con su propia vocación. La educación de un hombre, sus talentos, sus circunstancias, normalmente son un aceptable indicador de su vocación. Si nuestros padres nos han enviado a Oxford, si nuestro país nos permite permanecer aquí, es evidencia *prima facie* de que la vida que en cualquier caso puede conducirnos hacia la gloria de Dios en el presente es la vida ilustrada. Con dirigir esa vida hacia la gloria de Dios no me refiero, por supuesto, a cualquier intento de hacer que nuestras indagaciones intelectuales se ejerciten para alcanzar conclusiones. Eso sería, como dice Bacon, ofrecerle al autor de la verdad el impuro sacrificio de una mentira. Me refiero a la búsqueda del conocimiento y la belleza, en cierto sentido, por sí mismos, pero de un modo que no excluya hacerlo en honor de Dios. Existe en la mente humana apetito por estas cosas, y Dios no crea el apetito en vano. Por lo tanto, podemos perseguir el conocimiento en sí, y la belleza en sí, con la segura confianza de que, al hacerlo, o avanzamos nosotros mismos hacia la visión de Dios o indirectamente ayudamos a otros a hacerlo.

EL PESO DE LA GLORIA
«Aprender en tiempos de guerra»

La belleza del amor vulnerable

Lecturas bíblicas
Efesios 5.1–6
Salmos 5.5–12

No hay inversión segura. Amar, de cualquier manera, es ser vulnerable. Basta con que amemos algo para que nuestro corazón, con seguridad, se retuerza y, posiblemente, se rompa. Si uno quiere estar seguro de mantenerlo intacto, no debe dar su corazón a nadie, ni siquiera a un animal. Hay que rodearlo cuidadosamente de caprichos y de pequeños lujos; evitar todo compromiso; guardarlo a buen recaudo bajo llave en el cofre o en el ataúd de nuestro egoísmo. Pero en ese cofre —seguro, oscuro, inmóvil, sin aire— cambiará, no se romperá, se volverá irrompible, impenetrable, irredimible. La alternativa de la tragedia, o al menos del riesgo de la tragedia, es la condenación. El único sitio, aparte del Cielo, donde se puede estar perfectamente a salvo de todos los peligros y perturbaciones del amor es el Infierno.

Creo que los amores más ilícitos y desordenados son menos contrarios a la voluntad de Dios que una falta de amor consentida, con la que uno se protege a sí mismo. Es como esconder el talento en un pañuelo, y por una razón muy parecida. «Supe de ti que eres un hombre muy duro». Cristo no enseñó ni sufrió para que llegáramos a ser, aun en los amores naturales, más cuidadosos de nuestra propia felicidad. Si el hombre no deja de hacer cálculos con los seres amados de esta tierra a quienes ha visto, es poco probable que no haga esos mismos cálculos con Dios, a quien no ha visto. Nos acercaremos a Dios no con el intento de evitar los sufrimientos inherentes a todos los amores, sino aceptándolos y ofreciéndoselos a Él, arrojando lejos toda armadura defensiva. Si es necesario que nuestros corazones se rompan y si Él elige el medio para que se rompan, que así sea.

Ciertamente, sigue siendo verdad que todos los amores naturales pueden ser desordenados. «Desordenado» no significa «insuficientemente cauto», ni tampoco quiere decir «demasiado grande»; no es un término cuantitativo. Es probable que sea imposible amar a un ser humano simplemente «demasiado». Podemos amarlo demasiado «en proporción» a nuestro amor por Dios; pero es la pequeñez de nuestro amor a Dios, no la magnitud de nuestro amor por el hombre, lo que constituye lo desordenado. Esto también debe ser clarificado, porque si no podríamos perturbar a algunos que van por el camino correcto, pero se alarman porque no sienten ante Dios una emoción tan cálida y sensible como la que sienten por el ser amado de la tierra. Sería muy deseable —por lo menos eso creo yo— que todos nosotros, siempre, pudiéramos sentir lo mismo; tenemos que rezar para que ese don nos sea concedido; pero el problema de si amamos más a Dios o al ser amado de la tierra no es, en lo que se refiere a nuestros deberes de cristianos, una cuestión de intensidad comparativa de dos sentimientos; la verdadera cuestión es —al presentarse esa alternativa—, a cuál servimos, o elegimos, o ponemos primero. ¿Ante qué exigencia, en última instancia, se inclina nuestra voluntad?

Como sucede con tanta frecuencia, las mismas palabras de Nuestro Señor son a la vez muchísimo más duras y muchísimo más tolerables que las de los teólogos. Él no dice nada acerca de precaverse contra los amores de la tierra por miedo a quedar herido; dice algo —que restalla como un latigazo— acerca de pisotearlos todos desde el momento en que nos impidan seguir tras Él. «Si alguno viene a Mí y no odia a su padre y a su madre y a su esposa [...] y aun a su propia vida, no puede ser mi discípulo» (Lucas 14, 26).

LOS CUATRO AMORES

«Caridad»

Sobre cuestiones difíciles

Lecturas bíblicas
Isaías 56.1–7
Salmos 27.4–9

Lewis dedicaba un tiempo considerable a responder cartas. Esta es una respuesta a la señora Johnson, en la que le contesta algunas de sus preguntas.

«¿Tienen las personas otra oportunidad después de morir? Lo digo por Charles Williams».

Distingamos: (A) una segunda oportunidad en sentido estricto, es decir, una vida terrenal nueva en la que uno se enfrenta otra vez a todos los problemas en los que fracasó en esta (como en las religiones de la reencarnación). (B) El purgatorio: un proceso mediante el cual prosigue la obra de redención y que quizás comienza a percibirse después de morir. Creo que Charles Williams describe A, y no B.

102

«¿Qué me pasaría si muriese siendo atea?».

No se nos ha dado ningún conocimiento acerca de «¿qué pasaría si...?».

«¿Qué les pasa a los judíos que siguen esperando al Mesías?».

Creo que el Dios verdadero acepta todas las oraciones que se hacen con sinceridad, aunque sean a un dios falso o a un Dios verdadero del que se tiene un concepto muy imperfecto; y creo que Cristo salva a muchos que creen no conocerle. Porque él está (tenuemente) presente en la parte *buena* de los deficientes maestros a los que siguen. En la parábola de las ovejas y las cabras (Mt 25.31 ss.), los que son salvos no parecen saber que han servido a Cristo. Pero, por supuesto, nuestra angustia con respecto a los no creyentes resulta mucho más útil cuando nos conduce no a la especulación, sino a orar con más empeño por ellos y a presentar con nuestra vida una imagen tan buena del cristianismo que les haga sentirse atraídos a él.

«¿La Biblia es infalible?».

La verdadera palabra de Dios es Cristo mismo, no la Biblia. Esta, si se lee con el espíritu adecuado y con la guía de buenos maestros, nos guiará a Cristo. Cuando se hace realmente necesario (para nuestra vida espiritual, no para nuestras controversias o curiosidades) saber si un pasaje concreto está bien traducido, si es un mito (aunque, obviamente, un mito elegido por Dios entre innumerables mitos para presentar una verdad espiritual) o si es historia, no tengo duda de que seremos guiados a la respuesta correcta. Pero no debemos usar la Biblia (nuestros antepasados lo hicieron con demasiada frecuencia) como una especie de enciclopedia cuyos textos (aislados de su contexto y sin prestar atención a la naturaleza y significado de los libros en los que aparecen) se pueden usar como armas.

«*¿Hacemos mal al desear la muerte del ladrón que mató a Eileen?*».

La cuestión no está en sus deseos. La pena capital puede ser mala aunque los parientes de la víctima quieran la muerte del reo; y puede ser buena aunque no la quieran. La cuestión está en si una nación cristiana debe o no quitar la vida a los asesinos, no en qué sentimientos albergan las personas afectadas.

«*¿Está bien matar en defensa propia?*».

No hay duda de que el cristiano debe luchar contra todo impulso natural de «devolver el golpe», en cualquier ocasión. Si torturan o matan a un ser querido, no debo dar la más mínima opción a mi deseo de venganza. No hay nada tan característico de la ley cristiana como esta cuestión de la retribución y el «poner la otra mejilla». Sin embargo, el tema es muy distinto cuando una autoridad pública y neutral (*no* la persona agraviada) puede ordenar la muerte o la prisión de los asesinos o los enemigos públicos de forma masiva. Es evidente que nuestro más antiguo escritor cristiano, san Pablo, aprobaba la pena capital cuando decía que el magistrado «no en vano lleva la espada». Leemos que a los soldados que acudieron a san Juan Bautista preguntando «¿qué haremos?» *no* se les dijo que dejaran el ejército. Cuando nuestro Señor elogió al centurión, no dio ningún indicio de que la profesión militar fuese en sí misma pecaminosa. Esta ha sido la opinión general del cristianismo. El pacifismo es una variante local y muy reciente. Desde luego, debemos ser respetuosos y tolerantes con los pacifistas, pero creo que están equivocados.

«¿Reconoceremos a nuestros seres queridos en el cielo?».

El cielo se nos presenta con estos símbolos: (a) una cena, (b) una boda, (c) una cita y (d) un concierto. Sería grotesco suponer que los invitados, los ciudadanos o los miembros del coro no se conocieran. ¿Y cómo entender que se nos mande el amor mutuo en esta vida si se va a interrumpir tras la muerte?

«Si Wayne no fue al cielo, yo tampoco quisiera ir. ¿Se borrará su nombre de mi cabeza?».

Sea cual sea la respuesta, estoy seguro de que no es que se borre su nombre de su cabeza. Cuando haya aprendido a amar a Dios mejor que a mis seres más queridos de este mundo, amaré a mis seres queridos mejor que ahora. En la medida en que aprendo a amar a mis seres queridos en detrimento de Dios o *en lugar de* Dios, iré pasando al estado en el que ya no amaré en absoluto a mis seres queridos. Cuando lo primero se pone en primer lugar, lo secundario no se elimina, sino que crece. Si usted y yo llegásemos a amar a Dios a la perfección, la respuesta a esta dolorosa pregunta sería clara, y mucho más hermosa de lo que podríamos imaginar. Ahora no podemos tenerla.

THE COLLECTED LETTERS OF C. S. LEWIS
Volumen III, 8 noviembre 1952

Las ideas del cielo en otras creencias

Lecturas bíblicas
Juan 14.1–7
Salmos 139.7–12

Al leer sobre el antiguo Egipto, uno tiene la impresión de estar ante una cultura en la que lo más importante de la vida era intentar asegurar el bienestar de los muertos. Parece que Dios no quería que el pueblo escogido siguiera ese ejemplo. Podríamos preguntarnos por qué. ¿Es posible que los hombres se excedan en su preocupación por su destino eterno? En cierto sentido, por paradójico que parezca, yo diría que sí.

Soy de la opinión de que la felicidad o la desgracia tras la muerte, por sí mismas, no son temas religiosos en absoluto. Alguien que cree en ellas, por supuesto, será prudente para procurar la primera y evitar la segunda. Pero no parece que eso tenga más que ver con la religión que el cuidado de la propia salud o el ahorro para la jubilación. La única diferencia aquí es que hay muchísimo más en juego. Y esto significa que, dando por sentada una convicción real y firme, las esperanzas y angustias que suscita son abrumadoras. Pero no por eso son más religiosas. Son esperanzas y angustias centradas en uno mismo. No está Dios en el centro. Solo se le da importancia por algo externo. Una creencia así no necesita creer en Dios. Los budistas se preocupan mucho por lo que les pasará tras la muerte, pero no son, en el verdadero sentido de la palabra, teístas.

Por tanto, es muy posible que, cuando Dios comenzó a revelarse a los hombres, para mostrarles que él y solo él es la verdadera meta y satisfacción de las necesidades de ellos, y que tiene autoridad sobre ellos solo por ser quien es, independientemente de todo lo que pueda conceder o negar, puede haber sido absolutamente necesario que esta relación no debiera comenzar con alguna indicación sobre la condenación o la dicha futuras. No son esos los mejores puntos de partida. Una creencia vigente en ellos, demasiado pronto, puede incluso impedir el desarrollo de, por llamarlo de algún modo, el hambre de Dios; deben preceder las esperanzas y temores personales, que son emociones muy obvias. Más adelante, cuando, tras siglos de formación espiritual, los hombres han aprendido a desear y adorar a Dios, a anhelarlo «como el ciervo brama…», ya estamos hablando de otra cosa, pues, entonces, los que aman a Dios desearán no solo disfrutar de él, sino «gozar de él para siempre», y temerán perderlo. Por esa puerta es por la que entrarán una esperanza realmente religiosa del cielo y un temor realmente religioso del infierno; como corolarios de una fe que tiene su centro en Dios, no como cosas con un peso intrínseco o independiente. Puede incluso aducirse que, en el momento en que «cielo» deja de significar unión con Dios e «infierno» deja de implicar separación de él, la creencia en uno u otro es una superstición dañina; porque entonces tenemos, por un lado, una creencia meramente «compensatoria» (una «secuela» de la triste historia de la vida, en la que todo se «arreglará») y, por otro lado, tenemos una pesadilla que lleva a los hombres al manicomio o los convierte en personas crueles.

Afortunadamente, por la buena providencia de Dios, una creencia fuerte y firme como esta, de tipo subreligioso e interesado, es muy difícil de mantener, y tal vez solo puedan conservarla los que padecen una cierta neurosis. La mayoría encontramos que nuestra fe en la vida futura solo es fuerte cuando Dios está en el centro de nuestros pensamientos; que, si tratamos de usar la esperanza del «cielo» como una compensación (aun para la pena más inocente y natural, la de la pérdida de un ser querido), se desmorona. En tales condiciones, solo puede mantenerse con ímprobos esfuerzos de imaginación controlada; y en nuestro interior sabemos que la imaginación es nuestra. En cuanto al infierno, muchas veces me he quedado perplejo al leer los sermones de nuestros viejos teólogos «sobre el fuego infernal», ante los esfuerzos desesperados por presentar de manera más vívida estos horrores a sus oyentes, ante su sorpresa por el hecho de que los hombres, con semejantes horrores pendiendo sobre ellos, puedan vivir como si nada. Pero quizás no sea tan sorprendente. Puede que los teólogos estén apelando, en el nivel de una prudencia y un terror egocéntricos, a una creencia que, en ese nivel, no puede existir como influencia permanente sobre la conducta, aunque, por supuesto, puede alterarla durante unos minutos, e incluso horas, de apasionamiento.

REFLEXIONES SOBRE LOS SALMOS
«La muerte en los salmos»

Sobre las filosofías de la muerte

Lecturas bíblicas
Colosenses 2.2–6
Salmos 140.1–8

La voluntad de Dios está determinada por su sabiduría, clarividente siempre, y por su bondad, que se adhiere sin excepción a lo intrínsecamente bueno. Al decir que Dios manda las cosas sólo porque son buenas, debemos añadir que una de las cosas intrínsecamente buena es el deber de las criaturas racionales de someterse libre y obedientemente a su Creador. El contenido de la obediencia —lo que se nos manda hacer— será siempre algo intrínsecamente bueno, algo que deberíamos hacer aun en el imposible supuesto de que Dios no lo hubiera mandado. Pero no sólo el contenido de la obediencia, sino el mero hecho de obedecer es también intrínsecamente bueno, pues, al hacerlo, la criatura racional representa de forma consciente su rol creatural, trastoca el acto responsable de la caída, retrocede siguiendo la huella dejada por Adán y vuelve al principio.

Estamos de acuerdo con Aristóteles en que lo intrínsecamente bueno no tiene por qué ser desagradable, y que cuanto mejor sea el hombre tanto más le gustará hacerlo. Pero coincidimos con Kant en la medida en que afirmamos la existencia de un acto bueno —la renuncia de sí— que no puede ser querido enardecidamente por las criaturas caídas a menos que sea desagradable. Añadamos que este acto bueno incluye toda otra bondad, que la cancelación definitiva de la caída de Adán, la navegación «a popa a toda máquina» para desandar el largo viaje desde el Paraíso y desatar el antiguo y apretado nudo, tendrá lugar cuando la criatura, sin deseo alguno de prestar su colaboración, despojada completamente de la misma voluntad de obediencia, abrace algo contrario a su naturaleza y haga aquello para lo que sólo hay un motivo posible. Un acto así puede ser descrito como prueba del regreso de la criatura a Dios. Por eso decían nuestros padres que las desgracias nos eran enviadas «para ponernos a prueba». Un ejemplo familiar es la «prueba» de Abraham cuando le fue ordenado sacrificar a Isaac. De momento no me interesa la historicidad ni la moralidad del relato, sino plantear una pregunta obvia: «¿Por qué esa tortura innecesaria si Dios es omnisciente y sabe lo que haría Abraham sin necesidad de experimento alguno?» Mas, como señala San Agustín, sea cual fuera el conocimiento de Dios, Abraham no sabía en modo alguno que su obediencia podría soportar una orden así hasta que se lo enseñó el hecho mismo, y no se puede decir que hubiera elegido la obediencia que él mismo no sabía que elegiría. La realidad de la obediencia de Abraham fue el hecho mismo. Y lo que Dios sabía por su conocimiento anticipado de que Abraham «obedecería» se circunscribía a la obediencia efectiva de Abraham en aquel momento sobre la cumbre de la montaña. Decir que Dios «no necesitaba haber hecho el experimento» significa tanto como afirmar que lo que Dios sabe, precisamente porque Él lo sabe, no tiene necesidad de suceder.

Aun cuando el dolor destruye a veces la falsa autosuficiencia de la criatura, en la «prueba» suprema o sacrificio le enseña lo que debería ser su verdadera autosuficiencia, a saber, «aquella fortaleza que, aunque otorgada por el cielo, se puede considerar propia». Quien la posee obra, incluso sin motivos y apoyos naturales, con la fuerza que Dios le confiere a través de su voluntad sumisa, sólo con ella. La voluntad humana es auténticamente creativa y realmente nuestra cuando pertenece por completo a Dios. Este es uno de los múltiples sentidos en el que encuentra su alma quien la pierde.

En las demás acciones, la voluntad se nutre de la naturaleza, es decir, de las demás realidades creadas que no son el «yo», como los deseos con que nos equipa el organismo físico o la herencia. Cuando obramos por propia iniciativa —es decir, por la acción de Dios en nosotros— somos colaboradores e instrumentos vivos de la creación. De ahí que esas acciones deshagan «con sortilegios de poder separador» el maleficio destructor echado por Adán a su especie. Por eso, si el suicidio es la expresión típica del espíritu estoico y la batalla la mejor manifestación del ánimo guerrero, la realización y perfección supremas del cristianismo sigue siendo el martirio. Esta acción grandiosa fue iniciada para nosotros, se hizo por nosotros, se nos puso como ejemplo para que la imitásemos, y ha sido comunicada misteriosamente a todos los creyentes por Cristo en el Calvario. En el martirio la aceptación de la muerte llega a límites inimaginables, e, incluso, los supera. Quien los sufre se halla desasistido de todo apoyo natural y sin la presencia del Padre a quien se ofrece el sacrificio. El mártir no vacila en entregarse a Dios aunque Dios le «abandone».

EL PROBLEMA DEL DOLOR
«El dolor humano»

¿Dónde está Dios?

Lecturas bíblicas
Mateo 11.25–30
Salmos 68.17–21

Lewis se casó siendo ya algo mayor y, pocos años después, Joy murió. Una pena en observación aborda esa dolorosa época de su vida.

Y nadie me habló nunca tampoco de la desidia que inyecta la pena. No siendo en mi trabajo —que ahí la máquina parece correr más aprisa que nunca— aborrezco hacer el menor esfuerzo. No sólo escribir sino incluso leer una carta se me convierte en un exceso. Hasta afeitarme. ¿Qué importa ya que mi mejilla esté áspera o suave? Dicen que un hombre desgraciado necesita distraerse, hacer algo que lo saque de sí mismo. Lo necesitará, en todo caso, como podría echar de menos un hombre aperreadamente cansado una manta más cuando la noche está muy fría; seguro que este hombre preferiría quedarse tumbado dando diente con diente antes que levantarse a buscarla. Es fácil de entender que la gente solitaria se vuelva poco aseada, y acabe siendo sucia y dando asco.

Y, en el entretanto, ¿Dios dónde se ha metido? Éste es uno de los síntomas más inquietantes. Cuando eres feliz, tan feliz que no tienes la sensación de necesitar a Dios para nada, tan feliz que te ves tentado a recibir sus llamadas sobre ti como una interrupción, si acaso recapacitas y te vuelves a Él con gratitud y reconocimiento, entonces te recibirá con los brazos abiertos, o al menos así es como lo vive uno. Pero vete hacia Él cuando tu necesidad es desesperada, cuando cualquier otra ayuda te ha resultado vana, ¿y con qué te encuentras? Con una puerta que te cierran en las narices, con un ruido de cerrojos, un cerrojazo de doble vuelta en el interior. Y después de esto, el silencio. Más vale no insistir, dejarlo. Cuanto más esperes, mayor énfasis adquirirá el silencio. No hay luces en las ventanas. Debe tratarse de una casa vacía. ¿Estuvo habitada alguna vez? Eso parecía en tiempos. Y aquella impresión era tan fuerte como la de ahora. ¿Qué puede significar esto? ¿Por qué es Dios un jefe tan omnipresente en nuestras etapas de prosperidad, y tan ausente como apoyo en las rachas de catástrofe?

He intentado exponerle esta tarde a C. algunas de estas reflexiones. Él me ha recordado que lo mismo, según parece, le ocurrió a Jesucristo. «¿Por qué me has abandonado?». Ya lo sé. ¿Y qué? ¿Se consigue con eso que las cosas se vuelvan más fáciles de entender?

No es que yo corra demasiado peligro de dejar de creer en Dios, o por lo menos no me lo parece. El verdadero peligro está en empezar a pensar tan horriblemente mal de Él. La conclusión a que temo llegar no es la de: «Así que no hay Dios, a fin de cuentas», sino la de: «De manera que así es como era Dios en realidad. No te sigas engañando».

Nuestros mayores se resignaban y decían: «Hágase tu voluntad». ¿Cuántas veces no habrá la gente sofocado por puro terror un amargo resentimiento, y no se habrá sacado de la manga un acto de amor (sí, un acto, en todos los sentidos) para camuflar la operación?

UNA PENA EN OBSERVACIÓN
Capítulo 1

QUINTA SEMANA

Nuevas maneras de reconocer la gloria cotidiana

Lecturas bíblicas
Mateo 13.18–26
Salmos 25.1–7

Tal vez parece bastante tosco describir la gloria como el hecho de ser «percibidos» por Dios. Pero ese es prácticamente el lenguaje del Nuevo Testamento. San Pablo no promete a aquellos que aman a Dios, como se esperaría, que le conocerán, sino que serán conocidos por él (1 Corintios 8.3). Es una extraña promesa. ¿Acaso no conoce Dios todas las cosas en todo momento? Sin embargo, esta misma idea reverbera de manera tremenda en otro pasaje del Nuevo Testamento. En él se nos advierte de la posibilidad para cualquiera de nosotros de presentarnos al final frente al rostro de Dios y escuchar solo las terribles palabras: «Nunca os conocí; apartaos de mí». En cierto sentido, tan incomprensible al intelecto como insoportable a los sentimientos, podemos ser desterrados de la presencia de Aquel que está presente en todas partes y borrados del conocimiento de Aquel que lo conoce todo. Podemos ser dejados *afuera* de forma total y absoluta: rechazados, exiliados, apartados, ignorados de manera definitiva y horrible. Por otro lado, se nos puede llamar, acoger, recibir, reconocer. Caminamos cada día en el filo de la navaja entre estas dos posibilidades increíbles. Aparentemente, pues, nuestra eterna nostalgia, nuestro deseo de que se nos reúna en el universo con algo de lo que ahora nos sentimos arrancados, de estar en el lado interior de alguna puerta que siempre hemos observado desde el exterior, no es una simple fantasía neurótica, sino el indicador más verdadero de nuestra situación real. Y que al fin se nos convoque adentro sería tanto una gloria y un honor superiores a nuestros méritos como también la sanación de ese viejo dolor.

Y esto me trae al otro sentido de gloria: gloria como brillo, esplendor, luminosidad. Estamos destinados a brillar como el sol, a que se nos entregue el lucero de la mañana. Creo que comienzo a entender lo que significa. Por un lado, por supuesto, Dios ya nos ha dado el lucero de la mañana: pueden ir a disfrutar del regalo muchas hermosas mañanas si se levantan lo suficientemente temprano. *¿Qué más querríamos?*, se pueden preguntar. Ah, pero queremos mucho más: algo de lo que se aperciben poco los libros de estética, aunque los poetas y las mitologías lo saben todo de ello. No queremos simplemente *ver* la belleza, aunque, bien lo sabe Dios, incluso eso es suficiente recompensa. Queremos algo más que difícilmente podemos explicar con palabras: unirnos con la belleza que vemos, bañarnos en ella, ser parte de ella. Por eso hemos poblado el aire, la tierra y el agua de dioses, diosas, ninfas y elfos; aunque nosotros no podamos, estas proyecciones pueden disfrutar en sí mismas de esa belleza, esa gracia y ese poder del cual es imagen la naturaleza. Por esta razón los poetas nos cuentan falsedades tan encantadoras. Ellos hablan como si realmente el viento del oeste pudiera introducirse en un alma humana; pero no puede. Nos dicen que «la belleza nacida de un sonido susurrante» puede atravesar un rostro humano; pero no lo hará. O no todavía. Porque si tomamos con seriedad la imaginería de las Escrituras, si creemos que Dios un día nos dará el lucero de la mañana y hará que *nos revistamos* del esplendor del sol, entonces debemos suponer que tanto los mitos ancestrales como la poesía moderna, tan falsos como la historia, pueden estar muy cerca de la verdad como profecías. En el presente estamos a las afueras del mundo, del lado equivocado de la puerta. Discernimos el frescor y la pureza de la mañana, pero esta no nos refresca ni purifica. No podemos mezclarnos con el esplendor que vemos. No obstante, todas las hojas del Nuevo Testamento susurran el rumor de que no será siempre así. Algún día, Dios lo quiera, entraremos. Cuando las almas humanas se hayan perfeccionado en voluntaria obediencia igual que la creación inanimada lo hace en su inerte obediencia, entonces se nos revestirá de su gloria o, mejor dicho, de esa gloria mayor de la cual la naturaleza no es más que el primer esbozo. No deben pensar ustedes que les estoy presentando ninguna fantasía pagana de ser absorbido por la naturaleza. La naturaleza es mortal; nosotros la sobreviviremos. Cuando todos los soles y nebulosas fallezcan, cada uno de ustedes seguirá vivo. La naturaleza solo es la imagen, el símbolo; pero es el símbolo que las Escrituras me invitan a usar. Se nos convoca a traspasar la naturaleza, ir más allá de ella hacia el esplendor que refleja intermitentemente.

En aquel lugar, más allá de la naturaleza, comeremos del árbol de la vida. En el presente, si hemos renacido en Cristo, el espíritu que hay en nosotros vive directamente en Dios; pero la mente y, aún más, el cuerpo reciben vida de él de una manera que dista mucho de esa: por medio de nuestros antecesores, de nuestra comida, de los elementos. Los débiles y lejanos resultados de estas energías que el éxtasis creativo de Dios implantó en la materia cuando creó los mundos son lo que ahora llamamos placeres físicos; y, aun filtrados de este modo, son demasiado para que podamos gestionarlos en el presente. ¿Cómo sería saborear en su origen ese torrente del que incluso estos meandros inferiores resultan tan embriagadores? El hombre en su plenitud está llamado a beber gozo de la fuente del gozo. Como dijo san Agustín, el éxtasis del alma salvada «rebosará» el cuerpo glorificado. A la luz de nuestros apetitos presentes, especializados y depravados, no podemos imaginar este *torrens voluptatis*, y aconsejo seriamente a todo el mundo que no lo intente. Pero hay que mencionarlo, para expulsar pensamientos aún más engañosos, pensamientos de que lo que se salva no es más que un mero fantasma, o de que el cuerpo resucitado vive en una entumecida insensibilidad. El cuerpo fue hecho para el Señor, y esas sombrías fantasías están lejos del blanco.

Mientras tanto, la cruz precede a la corona y mañana es la mañana de un lunes. Se ha abierto una grieta en los implacables muros del mundo y se nos invita a seguir a nuestro gran Capitán hacia el interior. Seguirle a él es, por supuesto, lo esencial. Siendo así, se puede preguntar qué uso práctico existe en las especulaciones a las que he estado dando rienda suelta. Puedo pensar al menos en un uso. Puede que sea posible para alguien pensar demasiado en su potencial gloria venidera; difícilmente sería posible que esa persona pensase a menudo o en profundidad en la de su prójimo. La carga, o el peso, o el lastre de la gloria de mi prójimo debería descansar sobre mi espalda, una carga tan pesada que solamente podría soportarla la humildad, y las espaldas de los orgullosos se romperían. Es algo serio vivir en una sociedad de posibles dioses y diosas, recordar que la persona más embrutecida y menos interesante con la que puedas hablar quizá un día sea una criatura a la cual, si la vieras ahora, te sentirías fuertemente tentado a adorar; o, por otro lado, sería un horror y una corrupción tal que ahora solo te la encontrarías, en todo caso, en una pesadilla. Todos los días, en algún grado, nos ayudamos los unos a los otros a encaminarnos hacia uno u otro de estos destinos. Es a la luz de estas sobrecogedoras posibilidades, con el asombro y la circunspección adecuados, como deberíamos conducirnos en todas nuestras relaciones con los demás, en todas las amistades, amores, juegos y actitudes políticas. No existe gente *corriente*. Nunca has hablado con un simple mortal. Las naciones, culturas, artes, civilizaciones… ellas sí son mortales, y su vida es a la nuestra como la vida de un mosquito. Son inmortales aquellos con los que bromeamos, con los que trabajamos, nos casamos, nos desairamos y de quienes nos aprovechamos: horrores inmortales o esplendores eternos. Esto no significa que debamos vivir en constante solemnidad. Debemos divertirnos. Pero nuestro regocijo debe ser de esa clase (y esta es, de hecho, la clase más alegre) que se da en las personas que se han tomado en serio entre sí desde el principio: sin frivolidad, sin superioridad, sin presunción. Y nuestra caridad debe ser un amor real y costoso, con una profunda impresión ante los pecados a pesar de los cuales amamos al pecador: no mera tolerancia, ni una indulgencia que parodia el amor igual que la frivolidad parodia el gozo. Junto al Bendito Sacramento en sí, su prójimo es el objeto más sagrado presentado ante sus sentidos. Si es su prójimo cristiano, es santo casi del mismo modo, porque en él se esconde realmente, *vere latitat*, Cristo: el que glorifica y el glorificado, la Gloria misma.

EL PESO DE LA GLORIA
«El peso de la gloria»

Autobús al cielo

Lecturas bíblicas
Romanos 8.14–25
Salmos 25.1–7

El gran divorcio es un relato sobre unas personas que viajan en bus del infierno al cielo. Esta conversación tiene lugar en el cielo.

—La exigencia de aquellos que viven sin amor y prisioneros de sí mismos de que se les debería permitir chantajear al universo, de que, hasta que accedan a ser felices (con las condiciones que ellos ponen), nadie deberá saborear la alegría, de que su alegría debería ser el poder final, de que el infierno debería poder vetar al cielo.

—Yo no sé lo que quiero, señor.

—Hijo, hijo, debéis elegir un camino u otro. O bien vendrá el día en que predomine el gozo y los artífices de infelicidad no puedan contaminarlo nunca más, o bien los artífices de infelicidad podrán destruir en los demás por los siglos de los siglos la felicidad que rechazan para sí mismos. Sé que suena muy bien decir que no aceptaréis una salvación que deje una sola criatura en la oscuridad exterior. Pero cuidaos de sofisterías o haréis de un egoísta, del perro del hortelano, el tirano del mundo.

—Pero ¿puede uno atreverse a decir —qué horrible es decirlo— que la misericordia morirá alguna vez? Debéis distinguir. La acción de misericordia vivirá para siempre. Pero la pasión de misericordia no. Esa pasión, la misericordia que meramente se padece, el dolor que arrastra a los hombres a conceder lo que no se debe conceder y a halagar cuando se debe decir la verdad; la misericordia que ha engañado a muchas mujeres para que pierdan la virginidad y a muchos estadistas para que dejen de ser honrados, esa pasión desaparecerá. Esa misericordia ha sido utilizada por los malvados como arma contra los hombres buenos. Esa arma será destruida.

—¿Y cómo es la acción de misericordia?

—Es un arma en manos de los del otro lado. Salta más veloz que la luz del lugar más alto al más bajo para llevar salud y alegría, le cueste lo que le cueste. El arma convierte en luz la oscuridad. Pero no impondrá, conmovida por las astutas lágrimas del infierno, sobre el bien la tiranía del mal. Toda enfermedad que se someta a curación será sanada. Pero no llamaremos azul a lo amarillo para complacer a los que quieren seguir teniendo ictericia, ni haremos un estercolero del jardín del mundo para dar satisfacción a los que no pueden tolerar el olor de las rosas.

—Decís que la misericordia descenderá a lo más bajo, señor. Pero la dama no descendió al infierno con él. Ni siquiera fue a despedirlo al autobús.

—¿Dónde querríais que hubiera ido?

—¡Toma!, pues al lugar de donde llegamos todos en autobús. Al gran abismo situado más allá del risco; en aquel lado de allá. Desde aquí no lo puede ver, pero debe saber a qué lugar me estoy refiriendo.

Mi maestro esbozó una curiosa sonrisa.

—Mirad —dijo, y mientras pronunciaba la palabra se iba agachando hasta apoyar las manos en las rodillas. Yo hice lo mismo (¡cómo me dolían las rodillas!) y enseguida vi que había arrancado una brizna de hierba. Utilizando el extremo más delgado de la hierba como indicador, me hizo ver, tras haber mirado minuciosamente, una grieta en el suelo, tan pequeña que no hubiera podido identificarla sin su ayuda—. No puedo estar seguro —dijo— de que *sea* éste el agujero por el que vos subisteis. Pero vinisteis, sin duda, por un agujero no mucho más grande que éste.

—Pero, pero... —dije, jadeando con una sensación de estupefacción muy semejante al terror— vi un abismo infinito y riscos que se alzaban más y más. Finalmente, vi este país en la cima del risco.

—Sí. Pero el viaje no era mera locomoción. Ese autobús y todos los que ibais dentro de él aumentabais de tamaño.

—¿Quiere decir, entonces, que el infierno, ese infinito pueblo vacío, está ahí abajo en un agujero como éste?

—Sí. El infierno entero es más pequeño que un guijarro de vuestro mundo terrenal, y más pequeño que un átomo de *este* mundo, el Mundo Verdadero. Mirad aquella mariposa. Si se tragara el infierno entero, no le haría ningún daño, ni le sabría a nada; tan pequeño es.

—Pero cuando uno está en él, parece bastante grande, señor.

—Sin embargo, todas las tristezas de la soledad, iras, odios, envidias y soberbias, concentradas en una sola experiencia y puestas en un platillo de la balanza, contra el más pequeño momento de alegría sentido por el último en el cielo, no tienen ningún peso que pueda medirse. El mal nunca logra ser tan malo como bueno es el bien. Si todas las miserias del infierno entraran en la consciencia de aquel pájaro pequeñito de color amarillo que está posado en aquel arbusto de allí, desaparecerían sin dejar rastro, como si arrojáramos una gota de tinta en el Gran Océano, comparado con el cual el Océano Pacífico de la tierra es sólo una molécula.

—Entiendo —dije por fin—. Ella no *cabría* en el infierno.

Él asintió con la cabeza.

—No hay espacio para ella —dijo—. El infierno no podría abrir la boca lo suficiente.

—¿Y no podría ella hacerse más pequeña?, como Alicia, ¿comprendéis?

—Ni por aproximación podría hacerse lo bastante pequeña. Un alma condenada es casi nada: está encogida y recluida en sí misma. Dios sacude a los condenados sin parar, como las olas encrespadas sacuden los oídos del sordo, pero ellos no pueden percibirlo. Sus manos están cerradas, sus dientes están apretados, sus ojos están casi cerrados. Al principio no quieren y al final no pueden abrir las manos para recibir regalos, ni la boca para recibir alimento, ni los ojos para ver.

—¿Entonces no hay nadie que pueda comunicarse con ellos alguna vez?

—Sólo el más grande de todos se puede hacer lo suficientemente pequeño como para entrar en el infierno, pues cuanto más elevada es una cosa, tanto más bajo puede descender. Un hombre puede congeniar con un caballo, pero un caballo no puede congeniar con una rata. Sólo Uno ha descendido al infierno.

—¿Y volverá a hacerlo alguna otra vez?

—No hace mucho que lo hizo. El tiempo no funciona de igual modo una vez que habéis dejado la tierra. Todos los momentos que han sido, o serán, o son, son presente en el momento de Su descenso. No hay ni un solo espíritu en prisión al que Él no exhortara.

EL GRAN DIVORCIO
Capítulo 13

Sobre el misterio de la muerte

Lecturas bíblicas
Hebreos 13.11–16
Salmos 116.1–7

Cristo lloró ante el sepulcro de Lázaro y sudó sangre en Getsemaní; la Vida de las Vidas que estaba en él no detestaba este insoportable castigo menos que nosotros, sino más. Por otro lado, solo aquel que pierda su vida la salvará. Somos bautizados en la *muerte* de Cristo y ese es el remedio para la caída. La muerte es, en efecto, lo que algunos modernos llaman «ambivalente». Es la gran arma de Satanás y también la de Dios; es santa e inmunda; es nuestra mayor desgracia y nuestra única esperanza; es aquello que Cristo vino a vencer y el medio por el que llevó a cabo su victoria.

Sin duda, está más allá de nuestras posibilidades penetrar en la totalidad de este misterio. Si el patrón de descenso y reascensión es, como parece, la fórmula misma de la realidad, entonces es en el misterio de la muerte donde se esconde el secreto de los secretos. Pero hay que decir algo para considerar adecuadamente el Gran Milagro. No hace falta debatir sobre la muerte en los niveles más elevados: la muerte mística del Cordero «antes de la fundación del mundo» está por encima de nuestras especulaciones. Tampoco tenemos necesidad de considerar la muerte en niveles ínfimos. La muerte de organismos que no son más que eso, que no han desarrollado personalidad, no nos concierne. Al respecto podemos decir, como algunas personas muy espirituales quisieran que dijéramos de la muerte humana, que «eso no importa». Pero la asombrosa doctrina cristiana sobre la muerte humana no se puede pasar por alto.

La muerte humana, según el cristianismo, es resultado del pecado humano. El hombre fue originalmente creado inmune a ella. El hombre, cuando sea redimido y llamado a una nueva vida (que será, en cierto sentido sin definir, una vida corporal) en medio de una naturaleza más orgánica y más plenamente obediente, volverá a ser inmune. Por supuesto, esta doctrina carece sencillamente de sentido si el hombre no es más que un organismo natural. Pero, si lo fuera, todos nuestros pensamientos, como hemos visto, carecerían igualmente de sentido, pues todos tendrían causas irracionales. El hombre, por tanto, tiene que ser un ser compuesto, un organismo natural habitado por, o en *simbiosis* con, un espíritu sobrenatural. La doctrina cristiana, por desconcertante que les parezca a los que no han acabado de limpiar de naturalismo sus mentes, afirma que las relaciones que ahora observamos entre ese espíritu y ese organismo son anormales o patológicas. En el presente, el espíritu solo puede mantener sus posiciones frente a los incesantes contraataques de la naturaleza (la fisiológica y la biológica) mediante una vigilancia constante, y la naturaleza fisiológica siempre acaba derrotándolo. Tarde o temprano, ya no podrá resistir los procesos desintegradores que actúan en el cuerpo, y llegará la muerte. Acto seguido, el organismo natural (pues no celebra mucho tiempo su victoria) es conquistado de modo similar por la naturaleza física y regresa a lo inorgánico. Pero, en la visión cristiana, eso no siempre es así. El espíritu, tiempo atrás, no era una guarnición de defensa que mantenía a duras penas su posición en una naturaleza hostil, sino que se sentía plenamente «confortable» con su organismo, como un rey en sus propias tierras o un jinete en su caballo (o, mejor aún, como la parte humana de un centauro se siente «confortable» con la parte equina). Allí donde el poder del espíritu sobre el organismo fuera completo y sin resistencia, la muerte jamás tendría lugar. Sin duda, la victoria permanente del espíritu sobre las fuerzas naturales que, dejadas a su albedrío, acabarían con el organismo, implicaría un milagro continuo, pero sería el mismo tipo de milagro que se da todos los días, pues siempre que pensamos racionalmente estamos, por un poder espiritual directo, obligando a ciertos átomos de nuestro cerebro y a ciertas tendencias psicológicas de nuestra alma natural a hacer algo que no habrían hecho si los dejáramos únicamente a merced de la naturaleza. La doctrina cristiana sería algo fantasioso solo si la actual situación de frontera entre el espíritu y la naturaleza en cada ser humano fuera tan clara e inteligible que nos bastara con «ver» que es la única que podría haber existido.

LOS MILAGROS
«El Gran Milagro»

Sonetos sobre el cielo

Lecturas bíblicas
Apocalipsis 3.19–22
Salmos 78.23–39

1.

Crees que porque no grito ni extiendo
Los puños a Dios al morir la lozanía
Tengo el alma dura o la sangre más fría
Que quien grita. Lo crees, y no te entiendo.
Tienes lo que la pena siempre anhela
Uno a quien culpar, un gran enemigo
La ira es a la mente un buen alivio
Conforta al hombre, ventila su pena.
Siento el dolor como tú; mi destino
Es el mismo. Después, a mí me queda,
Estéril esfuerzo, dejar el rencor,
Y después querer, quizás ganar pueda,
El pan de ángeles, celeste confort
Que carne y sangre juzgan sin valor.

2.

Hay un reposo, un refugio (¿cierto
Sabor de revancha?) al consolarnos
Que nos está vedado. Hemos, presto,
De escalar los demenciales peldaños.

Nuestra consolación (pues la tenemos,
Los que nos llamamos supervivientes
Del despliegue del terrible proceso)
Por un duelo nos hace más dolientes.

Nos lo pide todo, hasta el extremo;
Alguien experto en sus dos caras, Dante,
Sufrió la pérdida y halló consuelo
(Nadie niega que lo hallara), pero antes
Al centro helado, al monte del dolor,
De mundo a mundo el poeta pasó.

3.

Esto es cierto: nadie que tocar osa,
Buscando confort, las puertas del cielo
Halla la puerta: solo inmensa losa
Y ecos del proferido desconsuelo.

Hay peligro en escuchar: comienzas
A imaginar que esos ecos (jugadas
Que te hace la esperanza) respuestas
Son de dentro. Mejor si te escapas.

Ni cielo ni tierra pueden conceder
Lo que queremos. Pedimos aquello

Que no existe, nuestra expresión de sed
Le da vida al amor que en desespero
Y muerte baja al frío de la tierra
Antes de oír sobre la primavera.

4.

Si al cielo los alzas, tendrás tus ruegos.
Si pides la Estrella de la Mañana
De paso te llevas amor terreno,
Pero ¿quién sabe iniciar la escalada?
El silencio de una voz en tu oído
Bate como las olas; altanero
Miente el nuevo día; desvanecido
Veo en mis sueños al ser que quiero.
«No era para mí de Dante la senda,
Sino para santos o anacoretas»,
Llora la Natura. Mas quien atienda
A su voz será tal como la abeja
Que por horas contra el cristal se estampa
Segura de que así el néctar alcanza.

5.

«De poder hablarle», me dijo el doctor,
«Y advertirle: "¡Así no! Cosa vana
Son tus golpes, tu esfuerzo y tu dolor",
Tal vez diría, zumbando en la ventana:
"A las místicas y reinas les cedo

La tarea de explicar el cristal;
A mí es la vista quien me guía en el vuelo.
¡Mira! ¡Las flores! ¡El campo! ¡Ahí están!".
Si luego la atrapas en un pañuelo
(¿Quién sabe qué horror, qué rabia tendrá?)
Y afuera la sueltas, con dicha y anhelo
Vuela entre flores, al aire estival,
Bebiendo su néctar. Mas si la dejas
A su arbitrio, muere en el alféizar».

POEMAS

«Cinco sonetos»

Encuentro con Aslan

Lecturas bíblicas
II Corintios 5.14–21
Salmos 40.1–5

Acto seguido, el mundo entero pareció ponerse del revés y las niñas tuvieron la sensación de dejar tras de sí sus espíritus, porque el León se había encogido para dar el brinco más grande de su vida y saltó —o podría decirse que, más que saltar, voló— por encima de la muralla del castillo. Las dos niñas, sin respiración pero ilesas, cayeron a lomos del León en medio de un amplio patio de piedra lleno de estatuas.

—¡Qué lugar tan extraordinario! —exclamó Lucy—. Cuántos animales de piedra... ¡y personas! Es... es como un museo.

—¡*Sssssh*! —la calló Susana—. Aslan está haciendo algo.

En efecto, Aslan había saltado hacia el león de piedra y había soplado sobre él. Luego, sin mediar un instante, dio un brusco giro —casi como cuando un gato quiere cazarse la cola— y sopló también sobre el enano de piedra, el cual (como recordarán) se encontraba a poca distancia del león, de espaldas a él. A continuación, se abalanzó sobre una alta dríada de piedra que estaba más allá del enano, se desvió en un suspiro para ocuparse de un conejo de piedra que tenía a su derecha y se precipitó sobre dos centauros. Pero en ese momento Lucy dijo:

—¡Oh, Susan! ¡Mira! ¡Mira al león!

Supongo que ustedes habrán visto a alguien prender el extremo de un periódico con un fósforo encendido para luego apoyarlo en la rejilla de una chimenea apagada. En los primeros instantes no parece que suceda nada, pero de repente se ve una llamita que se extiende por todo el borde del periódico. Algo así era esto: un segundo después de que Aslan soplara sobre el león de piedra, este parecía ser el mismo, pero, entonces, un fino rayo de oro comenzó a recorrer su blanco dorso de mármol, luego se extendió y el color dorado pareció lamer toda su superficie, como la llama lame todo el papel. Y, aunque se veía claramente que sus caderas aún eran de piedra, el león se sacudió la melena y todos sus pétreos y pesados pliegues comenzaron a ondear como pelo vivo. Entonces abrió su enorme boca roja, cálida y viva y dio un prodigioso bostezo. Ya habían vuelto a la vida sus patas traseras. Alzó una y se rascó. Luego, al ver a Aslan, fue saltando hacia él, jugueteando a su alrededor, gimiendo de alegría y brincando para lamerle la cara.

Evidentemente, las niñas lo siguieron con la vista, pero lo que estaban viendo era algo tan maravilloso que pronto se olvidaron de él. Por todas partes, las estatuas cobraban vida. El patio ya no parecía un museo, sino más bien un zoo. Las criaturas corrían tras Aslan y bailaban alrededor de él, hasta ya casi no se le veía entre la multitud. El patio ya no tenía ese blanco de muerte, sino todo un estallido de colores: el color castaño con que brillaban los costados de los centauros; el azul índigo del asta de los unicornios; el deslumbrante plumaje de las aves; el marrón rojizo de zorros, perros y sátiros; el amarillo de los calcetines y el carmesí de las capuchas de los enanos; el color plata de las niñas abedul, el verde fresco y transparente de las niñas haya, y el verde tan brillante que era casi amarillo de las niñas alerce.

En lugar del anterior silencio sepulcral, el lugar retumbaba con el sonido de gozosos rugidos, rebuznos, gañidos, ladridos, chillidos, gorjeos, relinchos, trotes, gritos, hurras, canciones y risas.

—¡Oh! —exclamó Susan con un tono diferente—. ¡Mira! No sé yo si... bueno, ¿seguro que esto no es peligroso?

Lucy miró hacia Aslan y vio que acababa de soplar sobre los pies del gigante de piedra.

—¡No pasa nada! —gritó Aslan, alegre—. En cuanto se le arreglen los pies, todo el resto de él seguirá.

EL LEÓN, LA BRUJA Y EL ROPERO
«Lo que sucedió con las estatuas»

Launcelot

Lecturas bíblicas
Hebreos 9.11–15
Salmos 23.1–6

«Launcelot» es un extenso poema narrativo de caballerías y de espíritu de peregrinación. Probablemente, Lewis lo escribió cuando aún no se había convertido al cristianismo, en algún momento anterior a los años treinta, aunque la fe sigue estando en el centro de la historia.

—Escucha: lo invisible tiene dos clases,
Dos reinos tan alejados entre sí
Como las oscuras mazmorras de este castillo
Lo están de esta verde montaña y este sol dorado.
Del primero no sabemos nada;
Pero el otro está oculto, donde, de un lado a otro,
Por bóvedas resonantes, el inmenso caos
Opera sin descanso en los sótanos del alma, y todo
   huye,

Y vagan gigantes que aúllan enloquecidos desde un
   pasado ancestral
Y Esperanzas altivas y Temores demasiado fuertes
Para este universo de tan lento madurar: quimeras,
   espectros,
Súcubos y torturas. Es más probable,
Movida por semejante furia del deseo, que choques
Contra aquellas rocas y no que hagas puerto en las
   costas afortunadas.
Peligrosa tarea es el deseo.
                              —Continúa —dijo ella.
—¿Qué más? —preguntó el obispo y volvió despacio
La cabeza—. ¿Qué más hay que contar?
—Bien has descrito el viaje de descenso,
Pero ¿nada tienes que decir del reino de la luz?

—Nada que no haya oído ya todo ser humano.

Ella dio media vuelta, anduvo unos pasos,
Dejó de esperar las palabras del obispo.
Bajó él la mirada, se pasó varias veces
La mano por el rostro, y por fin
Habló en voz baja, como en gran angustia.
—Hija mía— le dijo—, debo confesarme
Dios sabe que soy un clérigo viejo, gordo e inexperto,
Que siempre he vivido sin esfuerzo, mucho más
   entendido

En la distinción de un vino de crianza
Que en los asuntos por los que se derramó la sangre
   de Dios
Ya basta de eso. Mi castigo ya
Me ha encontrado y mi tiempo de gracia se acabó;
Ahora debo decir la verdad y verme necesitado
De que mi defensa acabe con la causa que abogo.
Si digo que nadie sabe, que no hay hombre con
   certeza
De nada sobre aquel reino, tus ojos,
Viéndome tan mundano, tan impuro,
¿Cómo pueden, si me juzgan, ver otra cosa
Que el hecho de que mi deslealtad a las leyes
Del Espíritu ha embotado mi agudeza y ha sido la
   causa
De la gran ignorancia que profeso? ¿Cómo, pues,
Me creerás cuando enseño que el hombre más santo
No es menos ignorante? (Pues así pienso, pero ¿qué
   sé yo de santos ni de santidad?)
Pero así pienso; y obligado vengo
A la corte, aunque en vergüenza, sin osar callarme.
Escucha, pues, mi historia.
Yo, ignorante confeso,
Doctor del desconocimiento, o, como mucho,
Estudiante mediocre y lento en la escuela
Del callado Asombro y sus institutrices,
Que no percibo el azul y verde del mundo

Sino por una linterna mágica
Que enigmáticamente muestra
La sombra que nadie conoce;
Aún creo (si tal verbo
En estos sucios labios no sonara absurdo)
Que del lugar más allá de toda comprensión
Una sola Palabra ha venido a los hombres,
Y se encarnó y tuvo manos
Y pies y pisó nuestro suelo
Y murió y resucitó. Y nada más
Vendrá ni antes vino
Con certeza. Y obedecer es mejor que el duro intento
De atravesar en algún punto
Este velo mortal, que por fortuna oculta
Un abismo insoportable
De luz inmaterial y dicha ardiente.
Así que, si me preguntas por el camino
Aquel, ¿qué puedo decir, salvo
Una y otra vez (como hizo el Hijo de Dios) contarte
Las lecciones que ya oíste de tu nodriza y de tu
    madre?
Porque todo mi consejo no es otro
Que este, aprendido en la más amarga necesidad:
Ve y apréndete el credo y el catecismo.
Fíjate en lo que digo, no en cómo vivo,
Y, en cuanto a mí, que Dios me perdone.

—Me lo imaginaba —gritó ella—. El burdo,
Exasperante y típico cuento,
¡El lecho mortal del deseo! ¿Por qué te detienes?
¡Predica tu sermón, háblame de la paz
De las pasiones aplacadas con gris renuncia,
De la paciencia y la obediencia y la salvación!
¿Qué me importa todo eso? ¿Dónde está mi hogar
Sino donde los jubilosos inmortales,
Guiados por la Luna, pasean eternos por sus montes
     sagrados?
¿Qué me importa tu santidad, sepulcro blanqueado,
Frío como un altar, pálido como un cirio de altar?
No tenía tal propósito la punzada de mi corazón
Siempre que la belleza me llamaba a lugares
     solitarios
Donde la oscura Remembranza se me aparece con
     eterno dolor,
Remembranza, la inmisericorde, el pozo del amor,
Que hace recordar las danzas lejanas, los rostros
     remotos,
Y me susurra: «¿Qué recuerdos tienes de esto o
     aquello?».
Cómo dejar de llamar a su puerta o de mirar.

NARRATIVE POEMS
«Launcelot»

SÁBADO

Envejecer, un despertar parcial

Lecturas bíblicas
Isaías 55.1–7
Salmos 37.23–26

Las cartas de Lewis nos permiten en ocasiones asomarnos a sus sentimientos diarios. Esta es una de las varias que le escribió a Warfield M. Firor de Baltimore, Maryland, cirujano en el Johns Hopkins.

Hoy se ha dejado ver por primera vez la cara menos agradable del otoño. Hasta ahora habíamos tenido un tiempo paradisiaco, el tipo de clima que, por algún motivo, me emociona más que la primavera: mañanas frías y brumosas que dan paso a días de sol apacible, y colores primorosos en los bosques. Siempre me produce un espíritu viajero, un «divino inconformismo» y esas cosas. Hoy discurre sobre nuestras cabezas un cielo bajo, sucio y grisáceo y cae un aguacero implacable. Sin embargo, eso no tiene una relación causal (la cronología lo demuestra) con el tema que más vueltas me da en la cabeza hoy y desde hace días: la ancianidad.

Usted me lleva algunos años de ventaja y seguramente se sonreirá ante este hombre que no cumplirá cincuenta y un años hasta dentro de unas semanas y ya ha comenzado su meditación *de senectute*. ¿Por qué? En algún momento hay que *despertar* a esa realidad. Por supuesto, en un sentido (no, en dos) el comienzo es muy anterior. (1) Al darse cada vez más cuenta de que hay muchísimas cosas importantes que uno jamás tendrá tiempo para hacer. De aquellos días dorados en los que uno aún podía considerar que le era posible ponerse a estudiar algo nuevo, como lengua persa o Geología, ya no queda nada. (2) Es más difícil expresarse. Me explico: el fin de ese periodo en el que todo objetivo, además de lo que era en sí, representaba una señal o promesa de mucho más. Como una linda muchacha en su primer baile, a la que no se aprecia por sí misma, sino por ser el preludio de todo un mundo nuevo. ¿Recuerda usted los tiempos en los que cada placer (el aroma del heno o un paseo por el campo, o un chapuzón) venía cargado de futuro y portaba inscrito el mensaje «Hay mucho más allí de donde vengo»? Se nota un cambio desde esa época a esta en la que todos los placeres empiezan a decir: «Aprovéchame al máximo, son muchos más los que me anteceden que los que vienen después». Ambos sentimientos —el estímulo para avanzar y la pérdida del aspecto prometedor— me acompañan desde hace tiempo. Lo que ha sucedido recientemente es mucho más duro, como si el viento polar del futuro te acorralara, por así decirlo, en un rincón. Ese rincón era el descubrimiento de que no tendré más remedio que «retirarme» en 1959, y la infernal molestia (por expresarlo suavemente) de recomponer una nueva clase de vida en alguna parte.

No crea que al escribirle estas cosas estoy exponiendo lamentos: eso, para un hombre más viejo que él mismo, sería muy raro. No son más que *datos*. (Y, por supuesto, entre ellos, la probable pérdida de amigos, sobre todo si, como yo, uno tiene la imprudente costumbre de entablar más amistades entre los que le superan en edad). Como cabe esperar, el resultado de todo esto (¿está de acuerdo?) es casi completamente positivo.

¿No ha pensado nunca qué pasaría si (con todas las demás cosas quedándose igual) la senectud y la muerte fuesen opcionales? Con «todas las demás cosas quedándose igual» me refiero a que nuestro verdadero destino siguiera estando en otra parte, que no tuviéramos ciudad permanente aquí ni auténtica felicidad, *pero* que el abandono de esta vida lo tuviéramos que realizar por voluntad propia y como acto de obediencia y fe. Supongo que el porcentaje de «murientes» sería similar al porcentaje actual de monjes trapenses.

Por tanto, ¡no sin ayuda del clima y del reumatismo!, intento sacar provecho a esta toma de conciencia de mi mortalidad, comenzar a morir, a soltarme de algunos de los tentáculos con que este mundo pulpo nos sujeta. Pero, desde luego, la cuestión no está en los comienzos, sino en las continuidades. Una noche de sueño reparador, una mañana soleada, un buen resultado en mi próximo libro… cualquiera de estas cosas, lo sé, lo cambia todo. Ese cambio, por cierto, aun siendo en realidad una recaída desde el despertar parcial al viejo letargo, será considerado por la mayoría como un regreso a la salud desde un humor «malsano».

Bueno, está claro que no es eso, pero es un despertar *muy* parcial. Uno no debería necesitar los momentos lúgubres de la vida para iniciar su desconexión, ni los radiantes para reconectarse. Debería ser capaz de gozar al máximo de los momentos radiantes y en ese preciso instante tener la disposición total para dejarlos, en la confianza de que es mejor lo que nos llama…

LETTERS OF C. S. LEWIS
15 octubre 1949

SEXTA SEMANA

El propósito del dolor

Lecturas bíblicas
Apocalipsis 21.1–8
Salmos 40.1–5

La doctrina de la muerte que acabo de describir no es exclusiva del cristianismo. La misma naturaleza la ha escrito por todo el mundo en el drama repetido de la semilla enterrada y el grano surgido de ella. Las primeras comunidades agrícolas la aprendieron seguramente observando la naturaleza, y con sacrificios animales y humanos enseñaron durante siglos la verdad de que «no hay remisión sin efusión de sangre». Aun cuando en principio semejantes ideas se relacionaran tal vez con las cosechas y la descendencia de la tribu exclusivamente, más tarde, con los Misterios, llegan a ponerse en relación con la muerte espiritual y la resurrección del individuo. La ascética india predica la misma lección mortificando el cuerpo en un lecho de clavos. El filósofo griego nos dice que la vida de sabiduría consiste en «ejercitarse en la muerte». El pagano noble y sensible de nuestros días hace «morir en vida» a sus dioses imaginarios. Huxley expone la teoría del «desapego». No es posible evitar la doctrina por el hecho de no ser cristiano. Es un «evangelio eterno» revelado a los hombres allí donde los hombres han buscado la verdad y han padecido por ella, el verdadero centro neurálgico de la redención, puesto al descubierto por la sabiduría esmerada de todas las épocas y lugares el conocimiento ineludible de que la luz que ilumina al hombre pone en la mente de todos los que interrogan con seriedad sobre el «sentido» del universo. La peculiaridad de la fe cristiana no reside en enseñar esta doctrina, sino en hacerla más admisible. El cristianismo nos enseña que la trágica tarea se ha cumplido ya de algún modo, que la mano del maestro sujeta la nuestra cuando intentamos trazar las letras difíciles, que nuestro manuscrito debe ser tan sólo una «copia», no el original. Mientras otros sistemas destinan nuestra naturaleza entera a la muerte, como ocurre con la renuncia budista, el cristianismo exige únicamente enderezar el *rumbo equivocado*. Tampoco declara la guerra al cuerpo, como ocurre con Platón, ni a los elementos físicos de nuestro carácter. Finalmente, no exige de todos el sacrificio supremo. Penitentes y mártires son salvados, y ciertos ancianos, de cuyo estado de gracia difícilmente se podría dudar, llegan a los setenta años con sorprendente facilidad. El sacrificio de Cristo se repite y resuena entre sus discípulos con diferente intensidad, desde el martirio cruel hasta la sumisión espontánea de la voluntad, cuyos signos externos son indiscernibles de los frutos normales de la temperancia y la «dulce sensatez». Desconozco las causas de una distribución de la intensidad como esa. Sin embargo, desde nuestro punto de vista actual debería quedar claro que el verdadero problema no es por qué sufren ciertas personas humildes, devotas y piadosas, sino por qué no sufren otras. Como se recordará, el único modo empleado por Nuestro Señor para explicar la salvación de los afortunados en este mundo fue referirse a la inescrutable omnipotencia de Dios.

Los argumentos aducidos para justificar el sufrimiento provocan resentimiento contra su autor. A los lectores les gustaría saber cómo me comporto cuando siento dolor, no cuando escribo libros sobre él. No necesitan hacer conjeturas al respecto, pues se lo voy a decir: soy un cobarde. Mas, ¿de qué sirve esta confesión? «Sobrepasa con mucho mi presencia de ánimo» pensar en el dolor, en la ansiedad devastadora como el fuego, en la soledad que crece como el desierto, en la angustiosa rutina de la aflicción monótona, en el sordo dolor que ennegrece completamente el paisaje, en la repentina sensación nauseabunda que aplasta de un solo golpe el corazón humano, en el dolor que golpea aún con más fuerza cuando ya parecía insoportable, en el exasperante daño causado por la picadura del escorpión, capaz de sobresaltar a un hombre medio muerto por sus anteriores torturas e inducirle a realizar movimientos extravagantes. Si conociera algún modo de escapar de él, me arrastraría por las cloacas para encontrarlo. Mas, ¿de qué le sirve al lector que yo le hable de mis sentimientos? Ya los conoce: son como los suyos. No afirmo que el dolor no sea doloroso. El dolor hiere. Eso es lo que significa la palabra. Mi propósito consiste exclusivamente en poner de manifiesto la verosimilitud de la vieja doctrina cristiana sobre la posibilidad de «perfeccionarse por las tribulaciones». Pero no pretendo demostrar que sea una doctrina agradable.

Al examinar la verosimilitud de la doctrina, es preciso tener en cuenta dos principios. En primer lugar, debemos recordar que el dolor actual, el de este momento, es exclusivamente el centro de algo que podríamos llamar sistema de sufrimiento, el cual se extiende por el miedo y la compasión. Los efectos beneficiosos de estas experiencias, sean las que sean, dependen del centro, de suerte que, aun cuando el dolor careciera de valor espiritual, si no careciera de él el miedo o la piedad, debería existir para proporcionar el objeto del temor y de la compasión. Por lo demás, resulta indudable cuánta ayuda nos proporcionan ambas emociones para volver a la obediencia y la caridad. Todos hemos comprobado alguna vez la eficacia de la compasión para abrirnos al amor de lo indigno de él, para movernos a amar a los hombres no por resultarnos naturalmente agradables de una u otra manera, sino por ser hermanos nuestros. La mayoría de nosotros aprendió los efectos beneficiosos del miedo durante el periodo de «crisis» que ha desembocado en la guerra actual. Mi propia experiencia es más o menos como sigue. Avanzo por la senda de la vida sin modificar mi naturaleza normal, satisfecho de mi descreimiento y de mi condición caída, subyugado por las alegres reuniones mañaneras con mis amigos, un poco de trabajo que halague hoy mi vanidad, un día de fiesta o un nuevo libro. De pronto, una puñalada causada por un dolor abdominal que amenaza con una enfermedad grave, o un titular de periódico que nos advierte de la posibilidad de destrucción total, hace que se desmorone el entero castillo de naipes. Al principio me siento abrumado, y mi pequeña felicidad se asemeja a un montón de juguetes rotos. Después, lentamente y de mala gana, poco a poco, trato de recuperar el estado de ánimo que debiera tener en todo momento. Me acuerdo de que ninguno de esos juguetes fue pensado para poseer mi corazón, de que el verdadero bien se halla en otro mundo, de que mi único tesoro auténtico es Cristo.

La gracia de Dios me ayuda a tener éxito, y durante uno o dos días me convierto en una criatura consciente de su dependencia de Dios y que extrae su fuerza de la fuente debida. Ahora bien, desaparecida la amenaza, mi entera naturaleza se lanza de nuevo a los juguetes, deseosa —Dios me perdone— de desterrar de mi mente el único sostén frente a la amenaza, asociada ahora con el sufrimiento de aquellos días. Así se manifiesta con claridad terrible la necesidad de la tribulación. Dios ha sido mi único dueño durante cuarenta y ocho horas, pero sólo por haber apartado de mí todo lo demás. Si el Señor envainara su espada un instante, me comportaría como un cachorro tras el odiado baño. Me sacudiría para secarme cuanto pudiera, y me apresuraría a recuperar mi confortable suciedad en el cercano lecho de flores o, peor aún, en el contiguo montón de estiércol. Ésa es la razón por la que la adversidad no cesará hasta que Dios nos rehaga de nuevo o vea que carece de esperanzas seguir intentándolo.

EL PROBLEMA DEL DOLOR
«El dolor humano»

El encuentro con el Espíritu

Lecturas bíblicas
Efesios 4.7–13
Salmos 19.1–6

Cautivado por la alegría *es la autobiografía de Lewis. La lectura de hoy y mañana son recuerdos de Lewis de algunos momentos de cuando Dios lo atrajo hacia el cristianismo, una experiencia de conversión que se produciría en las primeras horas de una mañana de 1933, en compañía de sus amigos J. R. R. Tolkien y Hugo Dyson.*

Entonces leí *El hombre eterno* de Chesterton y, por primera vez, vi todo el esquema cristiano de la historia planteado de una forma que parecía tener sentido. Me las arreglé para que no me sacudiera demasiado fuerte. Como recordarás, yo ya pensaba que Chesterton era el hombre más sensato entre los vivos, «de no ser por su cristianismo». Ahora pensaba, estoy realmente convencido (por supuesto, no lo decía: las palabras habrían revelado el sinsentido), que el cristianismo en sí era muy sensato, «de no ser por su cristianismo». Pero apenas lo recuerdo, porque no hacía mucho que había terminado *El hombre eterno* cuando me ocurrió algo mucho más alarmante. A principios de 1926, el más ferviente ateo que conocía se sentó en mi sala, al otro lado de la chimenea, y comentó que las evidencias de la historicidad de los Evangelios eran sorprendentemente buenas. «Qué raro —prosiguió—. Todo eso que dice Frazer sobre el Dios que muere. Qué raro. Casi parece como si hubiera sucedido de verdad». Para hacerte una idea del impacto de esas palabras en mí tendrías que conocer a ese hombre (que, desde luego, nunca ha demostrado interés en el cristianismo). Si él, el escéptico de los escépticos, el más duro de los duros, no estaba «a salvo» (como sigo expresando), ¿a dónde podría volverme yo? ¿Es que no había escapatoria?

Lo raro era que, antes de que Dios se acercara a mí, se me había ofrecido lo que ahora parece un momento de elección totalmente libre. En cierto sentido. Subía Headington Hill en la planta superior de un autobús de dos pisos. Sin palabras y (creo) casi sin imágenes, de alguna manera se presentó ante mí un hecho sobre mí mismo. Me di cuenta de que estaba reprimiendo algo, o cerrándole la puerta a algo. O, si lo prefieres, caí en la cuenta de llevar puesto algo rígido, como un corsé, como una armadura, como si fuera una langosta. Sentí que, en ese momento y en ese lugar, me estaban ofreciendo una elección libre. Podía abrir la puerta o dejarla cerrada. La elección ni siquiera se presentaba como un deber; tampoco comportaba ningún pacto o promesa, aunque sabía que abrir la puerta o quitarme el corsé tendría implicaciones incalculables. La elección parecía ser trascendental, pero, extrañamente, nada emocional. No me movían deseos ni miedos. En cierto modo, no me movía nada. Elegí abrir, despojarme, soltar las riendas. Digo «elegí», pero en realidad no parecía que pudiera hacer lo contrario. Por otro lado, no se me ocurrían motivos. Podrías aducir que no era un agente libre, pero me inclino más a pensar que aquello estuvo más cerca de ser un acto perfectamente libre que la mayoría de mis acciones. La necesidad no tiene por qué ser lo opuesto de la libertad, y quizás un hombre sea más libre cuando, en vez de encontrar motivos, puede decir tan solo: «Soy lo que hago». Entonces llegó la repercusión en el nivel imaginativo. Me sentía como si fuera un muñeco de nieve que por fin comienza a derretirse. El proceso se iniciaba en mi espalda, primero a gotas y enseguida a chorros. No me gustaba nada aquella sensación.

El zorro había sido expulsado del bosque hegeliano y corría al descubierto «con todo el dolor del mundo», empapado y exhausto, con los sabuesos casi pisándole los talones. Y ahora casi todo el mundo (de una u otra forma) estaba entre los perseguidores: Platón, Dante, MacDonald, Herbert, Barfield, Tolkien, Dyson, la misma Joy. Todas las personas y todas las cosas se habían unido contra mí. Incluso mi discípulo Griffiths (ahora Dom Bede Griffiths), aunque no era creyente, participaba en aquello. En cierta ocasión estaban él y Barfield comiendo en mi salón y yo me referí a la filosofía como «un tema». «Para Platón no era un tema —dijo Barfield—, era un camino». El mudo pero ferviente asentimiento de Griffiths y la mirada de complicidad entre ellos me hicieron ver mi propia frivolidad. Ya se había pensado, dicho, sentido e imaginado lo suficiente. Era hora de hacer algo.

Por supuesto, mi ética, en teoría, hacía mucho que estaba ligada a mi idealismo. Yo pensaba que nuestra tarea como almas finitas y medio reales era aumentar el conocimiento del Espíritu, mediante la observación del mundo desde distintos ángulos, aunque sin dejar de ser cualitativamente lo mismo como Espíritu; vincularse a un lugar, un tiempo y un conjunto de circunstancias y desde allí desear y pensar como ese mismo Espíritu. Era difícil, porque el acto mismo por medio del cual el Espíritu proyectaba esas almas y un mundo daba a esas almas intereses distintos y enfrentados, de modo que se producía la tentación del egoísmo. Pero creo que cada uno de nosotros tenía la potestad de no tener en cuenta la perspectiva emocional producida por su propia individualidad, igual que no tenemos en cuenta la perspectiva óptica que produce nuestra posición en el espacio. Preferir mi propia felicidad a la de mi prójimo era como pensar que el poste de telégrafo más cercano era el más alto. La forma de recuperar esta visión universal y objetiva, y actuar conforme a ella, era recordar, cada día y a cada hora, nuestra verdadera naturaleza, reascender o regresar a ese Espíritu en el que, en la medida en que realmente estuvimos, seguíamos estando. Sí, pero ahora sentía que lo mejor sería tratar de hacerlo. Por fin me enfrenté (en palabras de MacDonald) «a algo que tenía que hacerse, ni más ni menos ni por nadie más». Era necesaria una tentativa de virtud total.

Está claro que, para un joven ateo, nunca será excesivo el celo que ponga en proteger su fe. Le acechan peligros por todas partes. No puedes poner en práctica, ni intentarlo siquiera, la voluntad del Padre a menos que estés listo para «conocer la doctrina». Todos mis actos, deseos y pensamientos iban a entrar en armonía con el Espíritu universal. Por primera vez, me examiné en serio y con un propósito práctico. Y encontré algo que me dejó horrorizado: un zoológico de lujurias, un manicomio de ambiciones, un jardín infantil de miedos, un harén de rencores consentidos. Mi nombre era legión.

Por supuesto, no podía hacer nada —no duraría ni una hora— sin recurrir continua y conscientemente a lo que yo llamaba Espíritu. Pero la delgada línea psicológica que distingue entre esto y lo que la gente normal llama «orar a Dios» se deshace en cuanto empiezas a hacerlo en serio.

CAUTIVADO POR LA ALEGRÍA
«Jaque mate»

El encuentro con el Espíritu
Segunda parte

Lecturas bíblicas
Isaías 55.8–13
Salmos 19.7–14

El idealismo puede comentarse, incluso sentirse; pero no puede vivirse. Llega a ser claramente absurdo seguir pensando en el «Espíritu» como algo que o ignora mi acercamiento o permanece pasivo ante él. Aunque mi filosofía fuera verdad, ¿cómo iba a estar la iniciativa en mi lado? Mi propia analogía, según mi concepción inicial, sugería lo contrario: si Shakespeare y Hamlet se hubieran conocido, habría sido por iniciativa de Shakespeare. Hamlet no podría iniciar nada. Quizás, incluso ahora, mi Espíritu Absoluto seguía siendo distinto del Dios de la religión. La verdadera cuestión no estaba ahí, o al menos no todavía. El verdadero pavor estaba en que, si uno creía en un «Dios» o «Espíritu» como el que yo admitía, se abría una situación totalmente nueva. Igual que en el temible valle de Ezequiel se produjo un temblor y los huesos secos se juntaron unos a otros, así ahora un nuevo teorema filosófico, ya acogido en mi cerebro, comenzaba a agitarse, a sacudirse las mortajas, a incorporarse y a ser una presencia viva. Ya no se me permitiría seguir jugando con la filosofía. Podría seguir siendo cierto, como digo, que mi «Espíritu» difería en algún sentido del «Dios de la religión popular». Mi adversario renunció a este punto para sumergirse en algo mucho más importante. Ya no iba a discutir, simplemente dijo: «Yo soy el Señor», «Yo soy el que soy», «Yo Soy».

Las personas religiosas por naturaleza difícilmente entenderán el horror de una revelación así. Los afables agnósticos hablarán tan alegremente de la «búsqueda de Dios por el hombre». Para mí, en mi situación de entonces, bien podrían haber estado hablando sobre la búsqueda del gato por el ratón. La mejor imagen de mi dilema está en el encuentro de Mime y Wotan en el primer acto de Sigfrido: *hier brauch' ich nicht Spürer noch Späher, Einsam will ich…* (aquí no necesito espías ni consejeros, quiero estar solo…).

Recuerda, yo siempre había querido, por encima de todo, no sufrir «interferencias». Mi deseo (demencial) era «llamar mía a mi alma». Me había preocupado mucho más evitar el sufrimiento que alcanzar el gozo. Siempre había procurado los compromisos limitados. Para mí, lo sobrenatural había sido, primero, un licor prohibido y luego, como en la reacción de un borracho, algo nauseabundo. Incluso mi reciente intento de vivir mi filosofía había estado cercado secretamente (ahora lo sabía) por reservas de toda clase. Bien sabía yo que mi ideal de virtud jamás me permitiría encaminarme hacia algo más doloroso de lo que pudiese tolerar; yo sería «razonable». Pero, ahora, lo que había sido un ideal se convirtió en un mandato, ¿y qué no se podría esperar de uno? Sin ninguna duda, por definición, Dios era la Razón misma. Pero ¿él sería también «razonable» en este otro sentido más cómodo? No recibí ni la más leve garantía al respecto. Entrega total, un absoluto salto al vacío, era lo que se me exigía. Se había cernido sobre mí la realidad con la que no hay lugar para negociaciones. Ni siquiera se me pedía un «todo o nada». Creo que esa fase se pasó en el piso de arriba del autobús, cuando me quité la armadura y el muñeco de nieve comenzó a derretirse. Ahora la exigencia era sencillamente «todo».

Tienes que imaginarme allí solo, en aquella sala del Magdalen, noche tras noche, sintiendo, siempre que mi mente se apartaba apenas un segundo de mi trabajo, el acercamiento resuelto, con paso firme, de aquel con quien tan pocas ganas tenía de encontrarme. Aquel a quien tanto temía había caído al fin sobre mí. El domingo de Trinidad de 1929 me rendí y admití que Dios era Dios, caí de rodillas y oré. Aquella noche yo era, probablemente, el converso más reacio y abatido de toda

Inglaterra. Entonces no vi lo que ahora me parece la cosa más obvia y resplandeciente: la humildad de Dios, que acepta a un convertido incluso en esas condiciones. El hijo pródigo, por lo menos, regresó a casa por su propio pie. Pero ¿quién puede adorar debidamente a ese amor que abrirá los portales a un hijo pródigo que viene a la fuerza, pataleando, luchando, resentido y mirando a todas partes en busca de una escapatoria? Las palabras *compelle intrare*, oblíguenlos a entrar, han sido tan mal usadas por parte de malas personas que no podemos evitar estremecernos ante ellas. Pero, si se entienden bien, contienen la profundidad de la misericordia divina. La dureza de Dios es más amable que la ternura de los hombres, y su coacción es nuestra liberación.

CAUTIVADO POR LA ALEGRÍA

«Jaque mate»

Dios, nuestro modelo a imitar

Lecturas bíblicas
Judas 1.20–24
Salmos 25.8–11

He dicho que, cuando vemos cómo naufragan todos nuestros planes en el mar del carácter de las personas con las que nos relacionamos, percibimos «en *cierto* modo» cómo debe de sentirse Dios. Pero solo en cierto modo. Hay dos aspectos en los que la perspectiva de Dios debe de ser muy distinta de la nuestra. En primer lugar, Dios ve, igual que nosotros, los distintos grados de incomodidad o dificultad de trato de quienes comparten casa o trabajo con nosotros, pero, cuando mira ese hogar, esa fábrica o esa oficina, ve a otra persona con ese problema. Es una que tú nunca ves. Me refiero, desde luego, a ti, o a mí. El siguiente gran paso hacia la sabiduría es darse cuenta de que uno mismo es también ese tipo de persona, de que padece de un defecto fatal de carácter. Las esperanzas y planes de los demás han naufragado una y otra vez en tu carácter o el mío, así como los nuestros han naufragado en el de ellos.

No conviene pasar de puntillas sobre esto con algún reconocimiento vago y general como «Sí, claro, sé que tengo mis defectos». Es importante darse cuenta de que uno tiene un defecto fatal: algo que produce en los demás exactamente el mismo sentimiento de desesperación que sus defectos te provocan a ti. Y casi seguro que es algo de lo que uno no tiene constancia, como eso que la publicidad llama «halitosis», un mal que todo el mundo nota, excepto el que lo padece. Pero uno se pregunta por qué no se lo hacen ver los demás. Créanme, lo han intentado muchas veces, pero no pudiste darte cuenta. Buena parte de lo que uno considera «irritabilidad» o «mal carácter» o «rareza» de los demás tal vez solo sean sus intentos de hacernos ver la verdad. Ni siquiera los defectos que uno conoce los conoce al completo. Dices: «Reconozco que anoche perdí los estribos», pero los demás saben que siempre los pierdes, que ese es tu carácter. Dices: «Reconozco que el sábado bebí demasiado», pero todos saben que sueles emborracharte.

Ese es uno de los aspectos en los que la perspectiva de Dios y la mía difieren. Dios ve todas las personalidades; yo las veo todas menos la mía. Pero hay una segunda diferencia: Dios ama a las personas a pesar de sus defectos. Dios sigue amando. Dios no abandona. No digas: «Él lo tiene muy fácil, no tiene que vivir con ellos». Sí tiene.

Dios está tanto dentro como fuera de ellos. Dios está mucho más íntima, estrecha e ininterrumpidamente unido a ellos de lo que nosotros podamos estar jamás. Todo pensamiento vil de su mente (y de la nuestra), todo momento de desprecio, envidia, arrogancia, avaricia y presunción se alza contra su paciencia y su anhelante amor, y le duele más a su espíritu que al nuestro.

Cuanto más podamos imitar a Dios en ambos aspectos, más progresos haremos. Debemos amar más a «X» y vernos a nosotros mismos como alguien que es exactamente de la misma condición. Algunas personas dicen que pensar siempre en los defectos propios es algo morboso. Eso sería así si la mayoría de nosotros pudiera dejar de pensar en sus faltas sin ponerse enseguida a pensar en las de los otros. Por desgracia, *disfrutamos* pensando en los defectos de los demás, y ese es, en el exacto sentido del término, el más morboso de los placeres.

DIOS EN EL BANQUILLO
«El problema con "X"»

Un escenario de conversión

Lecturas bíblicas
II Pedro 2.4–22
Salmos 55.15–19

Tratemos de ser honestos con nosotros mismos. Imaginémonos que un hombre ha alcanzado riqueza y poder merced a un modo de proceder lleno de traición y crueldad, explotando para fines puramente egoístas los nobles ademanes de sus víctimas y riéndose al propio tiempo de su simplicidad. Supongamos que ese hombre, encaramado en la cumbre del éxito como hemos indicado, lo utiliza para satisfacer su placer y su odio, hasta que, finalmente, se desprende del último harapo de honor entre ladrones traicionando a sus propios cómplices y mofándose de sus últimos momentos de desilusión desconcertante. Imaginémonos, por último, que no siente tormento ni remordimiento para hacer todo eso, como a nosotros nos gustaría creer, sino que sigue comiendo a dos carrillos y durmiendo como un niño lleno de salud; es decir, que el autor de todo cuanto precede es un hombre jovial, de mejillas sonrosadas, despreocupado de cuanto pasa en el mundo, completamente seguro hasta el final de ser el único que ha encontrado la respuesta al enigma de la vida, de que Dios y el hombre son unos necios de los que se ha aprovechado, de que este estilo de vida es próspero, satisfactorio e intachable. Hemos de ser cautos en este punto. La menor indulgencia con el deseo de venganza es un grave pecado mortal. La caridad cristiana nos aconseja dedicar toda clase de esfuerzos a la conversión de un hombre así, preferir su conversión a su castigo, aun a riesgo de nuestra propia vida, y tal vez de nuestra alma. La conversión es infinitamente preferible al castigo. Pero no es ese el problema. ¿Qué destino en la vida eterna consideramos adecuado para él en el supuesto de que *no quiera* convertirse? ¿Podemos desear realmente que a un hombre así, *sin dejar de ser como es* —y como ser libre debe ser capaz de continuar en el mismo estado— le sea ratificada para siempre su actual felicidad? ¿Podemos aceptar que continúe convencido por toda la eternidad de que ha reído el último? ¿Sólo la maldad y el rencor nos impiden considerar tolerable esa situación? ¿No descubrimos en este momento de modo muy claro el conflicto entre justicia y misericordia, considerado en ocasiones como un fragmento anticuado de teología? ¿No sentimos palpablemente que llega a nosotros desde arriba, no desde abajo?

No nos mueve el deseo de causar dolor a esa desgraciada criatura, sino la exigencia estrictamente ética de que se imponga la justicia tarde o temprano y se despliegue la bandera en esta alma rebelde, aun cuando a todo ello no siga una conquista mejor y más completa. En este sentido, es mejor para la criatura reconocerse a sí misma como un fracaso o un error aunque no se haga buena nunca. A la propia misericordia le será difícil desear que un hombre semejante continúe ufanamente en su horrible ilusión por toda la eternidad. Tomás de Aquino dice del sufrimiento lo que Aristóteles había señalado acerca de la vergüenza, a saber, que aun no siendo bueno en sí mismo, puede resultar bueno en determinadas circunstancias. Cuando está presente el mal, el dolor que supone percibirlo es una forma de conocimiento y, como tal, algo relativamente bueno. Si no pudiera conocerlo, el alma ignoraría la existencia del mal o su condición de realidad opuesta a su naturaleza. «Ambas cosas, dice el filósofo, son *manifiestamente* malas». Y yo creo, aunque nos estremezca, que estamos de acuerdo con él.

La exigencia de que Dios debiera perdonar a un hombre semejante sin cambiar lo más mínimo su modo de ser está basada en una confusión entre condonar y perdonar. Condonar un mal significa simplemente ignorarlo, tratarlo como si fuera bueno. El perdón, en cambio, debe ser ofrecido y aceptado para ser completo, y el hombre que no admite culpa alguna no puede aceptar el perdón.

He comenzado con la concepción del infierno como un positivo castigo retributivo infligido por Dios por ser esa la forma que provoca más rechazo y porque deseo atajar la objeción más determinante. Aunque Nuestro Señor habla a menudo del infierno como de una sentencia dictada por un tribunal, otras veces dice también que el juicio consiste en el sencillo hecho de que los hombres prefieren la oscuridad a la luz, y que no es Él, sino «Su Palabra» la que juzga a los hombres. Como ambas concepciones significan a fin de cuentas lo mismo, quedamos en libertad para pensar que la perdición del hombre malo de nuestro ejemplo no es una condena que se le impone, sino el simple hecho de ser lo que es. El rasgo característico de las almas perdidas es «el rechazo de todo cuanto no sea ellas mismas». Nuestro imaginario egoísta ha intentado transformar lo que le sale al paso en una provincia o apéndice de sí mismo. El gusto por el *otro*, es decir, la capacidad de gozar el bien, estaría completamente apagado en él si su cuerpo no lo siguiera arrastrando a mantener algún contacto superficial con el mundo exterior. La muerte elimina este último contacto. Tiene, pues, lo que desea: vivir completamente en el «yo» y hacer lo mejor con lo que encuentre en él. Y lo que encuentra en él es el infierno.

EL PROBLEMA DEL DOLOR
«El infierno»

En amor, él lo afirma todo

Lecturas bíblicas
Lucas 9.21–26
Salmos 86.1–7

Esta es mi perpetua tentación recurrente: descender a ese mar (creo que san Juan de la Cruz llamó a Dios un mar) y una vez allí no sumergirme, ni nadar, ni flotar, solo salpicar y chapotear, con cuidado de no perder pie y aferrándome a la cuerda salvavidas que me conecta con mis cosas temporales.

Esto es diferente de las tentaciones con las que nos tropezamos al comienzo de la vida cristiana. Entonces luchamos (al menos en mi caso) para no admitir de manera total las exigencias de lo eterno. Y cuando luchamos, y fuimos vencidos, y nos rendimos, supusimos que todo sería coser y cantar. Esta tentación viene después. Se dirige a aquellos que en principio ya han admitido esas exigencias e incluso están realizando alguna clase de esfuerzo para cumplirlas. Nuestra tentación es buscar con diligencia el mínimo aceptable. De hecho, somos prácticamente iguales que los contribuyentes honestos pero reticentes. Estuvimos de acuerdo con un impuesto sobre la renta en principio. Elaboramos nuestras declaraciones de renta con sinceridad. Pero temblamos ante un incremento del impuesto. Tenemos mucho cuidado de no pagar más de lo necesario. Y esperamos —muy ardientemente— que después de haber pagado quede lo suficiente para vivir.

Y fíjense en que estas advertencias que el tentador susurra en nuestros oídos son del todo verosímiles. De hecho, no creo que (después de la primera juventud) él intente engañarnos a menudo con una mentira directa. La verosimilitud es esto. Es realmente posible sentirse arrastrado por la emoción religiosa —el *entusiasmo*, como lo llamarían nuestros ancestros— hacia decisiones y actitudes que después tendremos motivos para lamentar. Y esto no de forma pecaminosa, sino racional, no cuando somos más mundanos, sino cuando más sabios somos. Nos podemos volver escrupulosos o fanáticos; podemos abrazar, en lo que parecería celo pero realmente es presunción, tareas que nunca se nos encargaron. Esta es la verdad de la tentación. La mentira consiste en la sugerencia de que nuestra mejor protección es una consideración prudente de la seguridad de nuestro bolsillo, nuestras indulgencias habituales y nuestras ambiciones. Pero eso es bastante falso. Nuestra verdadera protección hay que buscarla en otra parte: en las costumbres cristianas habituales, en la teología moral, en el pensamiento racional continuo, en el consejo de los buenos amigos y de los buenos libros y (si es necesario) en un director espiritual capacitado. Las lecciones de natación son mejores que una cuerda salvavidas hacia la orilla.

Porque, por supuesto, esa cuerda salvavidas es en realidad una cuerda hacia la muerte. No existe paralelismo con pagar impuestos y vivir con lo que quede. No es un tanto de nuestro tiempo y un tanto de nuestra atención lo que Dios pide: no es ni siquiera todo nuestro tiempo y toda nuestra atención; es a nosotros mismos. Las palabras del Bautista son ciertas para cada uno de nosotros: «Es necesario que él crezca, pero que yo mengüe». Él será infinitamente misericordioso con nuestros repetidos fracasos; no conozco ninguna promesa de que él acepte un acuerdo premeditado. Porque él, en último término, no tiene nada que darnos salvo a sí mismo; y puede darlo solo en la medida en que nuestra voluntad de autoafirmación se retire y deje espacio para él en nuestras almas. Preparemos nuestras mentes para ello; no quedará nada «nuestro» que sobre para vivir, nada de vida «normal». No estoy diciendo que cada uno de nosotros tenga necesariamente el llamado a ser un mártir o un asceta. Aunque puede ser. Para algunos (nadie sabe quiénes), la vida cristiana incluirá mucho tiempo libre, muchas ocupaciones de las que disfrutamos de manera natural.

Pero serán recibidas de la mano de Dios. En un cristiano perfecto serían tan parte de su «religión», de su «servicio», como sus tareas más arduas, y sus banquetes serían tan cristianos como sus ayunos. Lo que no se puede admitir —lo que solo debe existir como un enemigo imbatido pero al que se resiste diariamente— es la idea de algo que sea «nuestro», alguna área «extra» en la que Dios no tenga nada que decir.

Él lo reclama todo, porque es amor y tiene que bendecir. No puede bendecirnos a menos que nos tenga. Cuando intentamos mantener dentro de nosotros un área que es nuestra, tratamos de mantener una zona de muerte. Así que él, enamorado, lo reclama todo. No hay componendas con él.

EL PESO DE LA GLORIA
«Lapsus linguae»

Entre lo bueno y lo malo

Lecturas bíblicas
Romanos 3.19–26
Salmos 106.6–15

Piénsese en un país en el que la gente fuese admirada por huir en la batalla, o en el que un hombre se sintiera orgulloso de traicionar a toda la gente que ha sido más bondadosa con él. Lo mismo daría imaginar un país en el que dos y dos sumaran cinco. Los hombres han disentido en cuanto a sobre quiénes ha de recaer nuestra generosidad —la propia familia, o los compatriotas, o todo el mundo—. Pero siempre han estado de acuerdo en que no debería ser uno el primero. El egoísmo nunca ha sido admirado. Los hombres han disentido sobre si se deberían tener una o varias esposas. Pero siempre han estado de acuerdo en que no se debe tomar a cualquier mujer que se desee.

Pero lo más asombroso es esto: cada vez que se encuentra a un hombre que dice que no cree en lo que está bien o lo que está mal, se verá que este hombre se desdice casi inmediatamente. Puede que no cumpla la promesa que os ha hecho, pero si intentáis romper una promesa que le habéis hecho a él, empezará a quejarse diciendo «no es justo» antes de que os hayáis dado cuenta. Una nación puede decir que los tratados no son importantes, pero a continuación estropeará su argumento diciendo que el tratado en particular que quiere violar era injusto. Pero si los tratados no son importantes, y si no existe tal cosa como lo que está bien y lo que está mal —en otras palabras, si no hay una ley de la naturaleza—, ¿cuál es la diferencia entre un tratado injusto y un tratado justo? ¿No se han delatado demostrando que, digan lo que digan, realmente conocen la ley de la naturaleza como todos los demás?

Parece, entonces, que nos vemos forzados a creer en un auténtico bien y mal. La gente puede a veces equivocarse acerca de ellos, del mismo modo que la gente se equivoca haciendo cuentas, pero no son cuestión de simple gusto u opinión, del mismo modo que no lo son las tablas de multiplicar. Bien; si estamos de acuerdo en esto, pasaré a mi siguiente punto, que es éste: ninguno de nosotros guarda realmente la ley de la naturaleza. Si hay alguna excepción entre vosotros me disculpo. Será mucho mejor que leáis otro libro, ya que nada de lo que voy a decir os concierne. Y ahora, me dirigiré a los demás seres humanos que quedan:

Espero que no interpretéis mal lo que voy a decir. No estoy predicando, y Dios sabe que no pretendo ser mejor que los demás. Sólo intento llamar la atención respecto a un hecho: el hecho de que este año, o este mes, o, más probablemente, este mismo día, hemos dejado de practicar la clase de comportamiento que esperamos de los demás. Puede que tengamos toda clase de excusas. Aquella vez que fuiste tan injusto con los niños era porque estabas muy cansado. Aquel asunto de dinero ligeramente turbio —el que casi habías olvidado— ocurrió cuando estabas en apuros económicos. Y lo que prometiste hacer por el viejo Fulano de Tal y nunca hiciste... bueno, no lo habrías prometido si hubieras sabido lo terriblemente ocupado que ibas a estar. Y en cuanto a tu comportamiento con tu mujer (o tu marido), o tu hermano (o hermana), si yo supiera lo irritantes que pueden llegar a ser, no me extrañaría... ¿Y quién diablos soy yo, después de todo? Yo soy igual. Es decir, yo no consigo cumplir muy bien con la ley de la naturaleza, y en el momento en que alguien me dice que no la estoy cumpliendo empieza a fraguarse en mi mente una lista de excusas tan larga como mi brazo. La cuestión ahora no es si las excusas son buenas. El hecho es que son una prueba más de cuán profundamente, nos guste o no, creemos en la ley de la naturaleza. Si no creemos en un comportamiento decente, ¿por qué íbamos a estar tan ansiosos de excusarnos por no habernos comportado decentemente?

La verdad es que creemos tanto en la decencia —tanto sentimos la ley de la naturaleza presionando sobre nosotros— que no podemos soportar enfrentarnos con el hecho de transgredirla, y en consecuencia intentamos evadir la responsabilidad. Porque os daréis cuenta de que es sólo para nuestro mal comportamiento para lo que intentamos buscar tantas explicaciones. Es sólo nuestro mal carácter lo que atribuimos al hecho de sentirnos cansados, o preocupados, o hambrientos; nuestro buen carácter lo atribuimos a nosotros mismos.

Estos, pues, son los dos puntos que quería tratar. Primero, que los seres humanos del mundo entero tienen esta curiosa idea de que deberían comportarse de una cierta manera, y no pueden librarse de ella. Segundo, que de hecho no se comportan de esa manera. Conocen la ley de la naturaleza, y la infringen. Estos dos hechos son el fundamento de todas las ideas claras acerca de nosotros mismos y del universo en que vivimos.

MERO CRISTIANISMO
«La ley de la naturaleza humana»

SÉPTIMA SEMANA

Exploremos la paradoja del sufrimiento

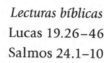

Lecturas bíblicas
Lucas 19.26–46
Salmos 24.1–10

En el cristianismo hay una paradoja sobre la tribulación. «Bienaventurados los pobres», pero estamos obligados a eliminar la pobreza siempre que sea posible mediante «el juicio» —es decir, la justicia social— y la limosna. «Bienaventurados los que padecen persecución», pero debemos evitar la persecución huyendo de una ciudad a otra, y es legítimo orar, como oró Nuestro Señor en Getsemaní, para ser dispensados de ella. Si el sufrimiento es bueno, ¿no deberíamos perseguirlo en vez de evitarlo? Mi respuesta a esta pregunta es que el sufrimiento no es bueno en sí mismo. Lo verdaderamente bueno para el afligido en cualquier situación dolorosa es la sumisión a la voluntad de Dios. Para el observador de la tribulación ajena lo realmente beneficioso es, en cambio, la compasión que despierta y las obras de misericordia a las que mueve.

En un universo como el nuestro, caído y parcialmente redimido, debemos distinguir varias cosas: 1) El bien simple, cuyo origen es Dios. 2) El mal simple, producido por criaturas rebeldes. 3) La utilización de ese mal por parte de Dios para su propósito redentor. 4) El bien complejo producido por la voluntad redentora de Dios, al que contribuye la aceptación del sufrimiento y el arrepentimiento del pecador. El poder de Dios de hacer un bien complejo a partir del mal simple no disculpa a quienes hacen el mal simple, aunque puede salvar por misericordia. Esta distinción es de capital importancia. El escándalo es inevitable, mas ¡ay del que escandalizare! El pecado hace realmente que abunde la gracia, pero no podemos convertir ese hecho en excusa para seguir pecando. La misma crucifixión es el mejor —y también el peor— de todos los acontecimientos históricos, pero el rol de Judas continúa siendo sencillamente perverso.

Estas ideas se pueden aplicar, en primer lugar, al problema el sufrimiento ajeno. El hombre misericordioso ambiciona el bien de su prójimo. Así, cooperando conscientemente con el «bien simple», hace la «voluntad de Dios». El hombre cruel oprime a su prójimo, y al obrar así hace el «mal simple». Pero al hacerlo es utilizado por Dios, sin saberlo ni dar su consentimiento, para producir el bien complejo. El primer hombre sirve a Dios como hijo y el segundo como instrumento. Obremos de un modo o de otro, realizaremos invariablemente los planes de Dios. Con todo, existe una gran diferencia entre servirle como Judas o como Juan. El sistema entero está calculado, digámoslo así, para el choque entre hombres buenos y malos. Asimismo, los beneficiosos frutos de la fortaleza, la paciencia, la piedad y la misericordia, por cuya virtud se permite al hombre cruel ser despiadado, presuponen que el hombre bueno persiste generalmente en la búsqueda del bien simple. Digo «generalmente» porque algunas veces tiene derecho a hacer daño a su prójimo —y, a mi juicio, incluso a matarlo—, mas únicamente en caso de necesidad extrema y cuando el bien que se espera obtener sea evidente. Normalmente, aunque no siempre, ese derecho se da cuando el que inflige dolor está revestido de autoridad para hacerlo, como el padre, cuya autoridad procede de la naturaleza, el magistrado o el soldado, que la obtienen de la sociedad civil, y el cirujano, al que le viene en la mayoría de los casos del paciente. Convertir esa idea en carta blanca para afligir a la humanidad por el hecho de que «la congoja es buena para los hombres» (como el lunático Tamberlaine de Marlowe alardeaba de ser el «azote de Dios») no significa quebrantar el esquema divino, sino ofrecerse como voluntario para desempeñar el papel de Satanás dentro de él. Quien haga este trabajo deberá estar preparado para recibir el salario correspondiente.

El problema de cómo eliminar el dolor propio admite una solución parecida. Algunos ascetas han recurrido a la mortificación. Como profano, no emito ninguna opinión sobre la prudencia de tal régimen de vida. Sean cuales sean sus méritos, yo insisto, no obstante, en que la mortificación es completamente diferente de la tribulación enviada por Dios. Ayunar es, como todo el mundo sabe, una experiencia distinta de dejar de hacer una comida fortuitamente o por razones de pobreza. El ayuno refuerza la voluntad frente al apetito. Su recompensa es el autodominio, y su mayor peligro, el orgullo. El hambre involuntaria somete los apetitos y la voluntad a la voluntad divina, pero también proporciona una ocasión para el sometimiento y nos expone al peligro de rebelión. En cambio, el efecto redentor del sufrimiento reside básicamente en su propensión a reducir la voluntad insumisa. Las prácticas ascéticas, muy adecuadas en sí mismas para fortalecer la voluntad, sólo son útiles si capacitan a ésta para poner en orden su propia casa —las pasiones— como preparación para ofrecer el propio ser completamente a Dios. Son necesarias como medio. Como fin en sí mismas serían abominables, pues si se conformaran con sustituir la voluntad por el apetito, no harían sino cambiar el propio «yo» por el diabólico. Con razón se ha afirmado que «sólo Dios puede mortificar».

La tribulación desarrolla su labor en un mundo en el que los seres humanos buscan generalmente cómo evitar con medios legales el mal natural y cómo obtener el bien natural. Presupone, pues, un mundo así. Para someter la voluntad a Dios, es preciso tener voluntad. Por su parte, la voluntad debe tener sus correspondientes objetos. La renuncia cristiana no es la apatía estoica, sino la disposición a preferir a Dios antes que otros fines inferiores legítimos en sí mismos. De ahí que el Perfecto Hombre expusiera en Getsemaní la voluntad, la firme voluntad, de eludir el sufrimiento y escapar a la muerte si ello fuera compatible con la voluntad del Padre. Pero también manifestó una disposición absoluta a obedecer si no se pudiera hacer su voluntad. Algunos santos recomiendan una «renuncia total» en los umbrales mismos del discipulado. A mi juicio, esa exhortación sólo puede significar una disposición total a soportar cualquier renuncia particular que se nos pueda exigir, pues sería imposible vivir sin desear un momento tras otro otra cosa que la sumisión como tal a Dios. ¿Cuál podría ser la *materia* de una subordinación así? Decir «lo que quiero es someter lo que quiero a la voluntad de Dios» sería a todas luces una afirmación internamente contradictoria, pues el segundo *lo que* no tiene contenido alguno. Todos ponemos el mayor cuidado posible en evitar el dolor. El propósito, sumiso en el momento oportuno, de soslayarlo sirviéndose de medios legítimos está conforme con la naturaleza, es decir, con el entero sistema operativo de la vida de las criaturas, para las cuales está calculada la obra redentora de la tribulación.

Sería completamente falso, pues, suponer que el punto de vista cristiano sobre el sufrimiento es incompatible con la resuelta tarea y la obligación de dejar el mundo, incluso en sentido temporal, «mejor» de lo que lo encontramos. En la imagen más cabalmente parabólica del juicio, Nuestro Señor parece reducir las virtudes a la beneficencia activa. Aunque sería engañoso aislar esta descripción del Evangelio en su conjunto, es suficiente para asentar de manera indudable los principios básicos de la ética social cristiana.

EL PROBLEMA DEL DOLOR
«Más sobre el dolor humano»

Apetito de Dios

Lecturas bíblicas
Lucas 19.45–48
Salmos 25.8–22

Cuando los salmistas hablan de «ver» al Señor, o del «anhelo» de verlo, la mayoría se refiere a algo que les sucedió en el templo. La peor manera de expresarlo sería: «Solo querían decir que habían estado en la fiesta». Una expresión mejor sería: «Si hubiésemos estado allí solo habríamos visto la fiesta». Así pues, en Salmos 68, leemos «Vieron tus caminos, oh Dios [...] en el santuario. Los cantores iban delante, los músicos detrás; en medio las doncellas con panderos» (24, 25 RVR1960), es casi como si el poeta dijera: «Miren, ahí viene». Si yo hubiese estado allí habría visto a los músicos y a las jovencitas con los panderos; y, cambiando de tema, además podría, o no, haber «sentido» (como se suele decir) la presencia de Dios. El adorador de la antigüedad no habría sido consciente de ese dualismo. De manera similar, si un hombre de hoy quisiera estar «en la casa de Jehová todos los días de mi vida, para contemplar la hermosura de Jehová» (Sal 27.4 RVR1960) se referiría, supongo, a que esperaba recibir, no sin la mediación de los sacramentos y la asistencia de otros «servicios», sino como algo distinguible de ellos y que no se asume como resultado inevitable, momentos frecuentes de la visión espiritual y el «sensible» amor de Dios. Pero sospecho que el poeta de los salmos no distingue entre «contemplar la hermosura de Jehová» y los actos de adoración.

Cuando la mente adquiere más capacidad de abstracción y análisis, esta antigua unidad se rompe. Y, en cuanto se hace posible distinguir el rito de la visión de Dios, existe el peligro de que el rito llegue a ser un sustituto, y un rival, de Dios mismo. En cuanto sea posible, se considerarán por separado; y el rito podría adquirir vida propia como algo rebelde y cancerígeno. Hay una etapa en la vida de un niño en la que no puede separar el carácter religioso del meramente festivo de Navidad o Pascua. Me han contado de un muchachito muy devoto que, en la mañana de Pascua, estaba susurrando para sí un poema de su cosecha que comenzaba diciendo: «Huevos de chocolate y Jesús resucitado». Me parece a mí, dada su edad, que su poesía y su devoción son admirables, pero, por supuesto, no tardará en llegar el día en que este niño ya no tenga que esforzarse para gozar espontáneamente de esa unidad. Llegará a ser capaz de distinguir el aspecto espiritual del ritual y del festivo de Pascua; los huevos de chocolate ya no serán sacramentales. Después de discernir la distinción, tendrá que dar prioridad a una cosa o la otra. Si pone en primer lugar lo espiritual, puede seguir saboreando algo de Pascua en los huevos de chocolate; si da prioridad a los huevos, estos se convertirán pronto en nada más que un dulce cualquiera. Han cobrado vida independiente y, en consecuencia, perecedera. En algún momento del judaísmo, o en la experiencia de algunos judíos, se produce una situación muy similar. Se deshace la unidad; los rituales de sacrificio ya no se pueden distinguir del encuentro con Dios. Esto no significa que cesen o pierdan importancia. Es posible que, en varios sentidos nocivos, adquieran aún más importancia de la que tenían. Pueden llegar a apreciarse como una especie de transacción comercial con un Dios avaricioso que lo que quiere o necesita es grandes cantidades de cuerpos muertos, y cuyos favores no pueden conseguirse de ninguna otra manera. Peor aún, pueden llegar a considerarse como lo único que Dios quiere, de modo que la realización puntual de los sacrificios le satisfará aunque no se obedezcan sus demandas de misericordia, «juicio» y verdad. Para los propios sacerdotes, el sistema en su conjunto será importante simplemente porque es a lo que se dedican y de lo que viven; toda su arrogancia, su orgullo y su posición económica están ligadas al ritual. Sofisticarán cada vez más sus artes. Por supuesto, el correctivo a estas formas de ver el sacrificio lo encontramos en el propio judaísmo. Los profetas no dejaban de clamar contra eso. Lo vemos incluso en el salterio, que es en gran medida para uso en el templo. Por ejemplo, en Salmos 50, donde Dios le dice a su pueblo que el quid de la cuestión no es la adoración rendida en este templo, y ridiculiza el concepto totalmente pagano de que él necesite que lo alimenten con asados. «Si yo tuviese hambre, no te lo diría a *ti*» (12 RVR1960). A veces se me ocurre que Dios podría igualmente preguntarles a algunos ministros de hoy: «Si yo quisiera música, si estuviese realizando una investigación en los más recónditos detalles del Rito Occidental, ¿de verdad crees que tú eres la fuente a la que acudiría?».

Esta posible degradación del sacrificio y la amonestación contra ella son, sin embargo, algo tan conocido que no hace falta subrayarlo aquí. Lo que quiero subrayar es lo que creo que más necesitamos (o, al menos, más necesito): el gozo y deleite en Dios que encontramos en los salmos, por vaga o estrechamente que puedan estar relacionados con el templo en uno u otro caso. Estos poetas conocían muchas menos razones que nosotros para amar a Dios. No sabían que él les ofrecía gozo eterno; y mucho menos que daría su vida para ganárselos. Sin embargo, expresan un anhelo de Dios, de su presencia, que solo se da en los mejores cristianos, o en los cristianos que están en sus mejores momentos. Anhelan vivir todos sus días en el templo para poder contemplar sin descanso «la hermosura de Jehová» (Sal 27.4). Su ardiente deseo de subir a Jerusalén y presentarse «delante de Dios» se asemeja a la sed física (Sal 42). Su presencia resplandece desde Sion como «perfección de hermosura» (Sal 50.2 RVR1960). Si no tienen este encuentro con él, sus almas se sienten como «en tierra seca y árida donde no hay aguas» (Sal 63.2 RVR1960). Imploran ser «saciados del bien de tu casa» (Sal 65.4 RVR1960). Solo allí pueden estar confortables, como pájaro en su nido (Sal 84.3). Un día de esos «placeres» es mejor que toda una vida en cualquier otra parte (Sal 84.10).

Aunque a algunos tal vez se le atragante la expresión, a esto yo lo llamo «apetito de Dios» en lugar de «amor por Dios». El «amor por Dios» sugiere con demasiada facilidad el término «espiritual» en todos los sentidos negativos o restrictivos que, por desgracia, ha adquirido. Estos antiguos poetas no parecen pensar que poseen los méritos o la piedad para tener semejantes sentimientos; por otro lado, tampoco se consideran privilegiados por haber recibido la gracia de disfrutarlos. Ellos son, a la vez, menos pedantes que el peor de nosotros y menos humildes —casi podría decirse que menos sorprendidos— que el mejor de nosotros. Esta expresión posee la plácida espontaneidad de un deseo natural, casi físico. Es plácido y divertido. Se alegran y regocijan (Sal 9.2). Tañen el arpa (Sal 43.4), el salterio y el arpa —«Despierta, salterio y arpa» (Sal 57.8 rvr1960)—; dicen: «Entonad canción, y tañed el pandero, el arpa deliciosa y el salterio» (Sal 81.2 rvr1960). Mero ruido, me dirán ustedes. La música sin más no basta. Pues que todos, incluso los gentiles, den palmas (Sal 47.1). Que resuenen los címbalos, no solo bien afinados, sino con *júbilo*, sin que falte la danza (Sal 150.5). Que hasta las costas más remotas (y todas lo resultaban para los judíos, que no eran navegantes) se alegren (Sal 97.1 nvi).

No digo que se pueda o se deba revivir aquel entusiasmo, o, si lo prefieren, aquel alboroto. Parte de ello no se puede revivir porque no está muerto, sigue con nosotros. Sería inútil pretender que los anglicanos somos un notable ejemplo de ello. Los católicos romanos, los ortodoxos y el Ejército de Salvación, a mi juicio, conservan más de ello que nosotros. Nos preocupa demasiado el buen gusto. Pero aun así podemos regocijarnos. La segunda razón es más profunda. Todos los cristianos sabemos algo que los judíos no sabían acerca del precio que se pagó para redimir nuestras almas. Nuestra vida como cristianos comienza al ser bautizados en una muerte; nuestras celebraciones más gozosas empiezan con, y se centran en, el cuerpo partido y la sangre derramada. Por tanto, nuestra adoración contiene una profundidad trágica que el judaísmo no tenía. Nuestro gozo tiene que ser de tal cualidad que pueda existir con eso; donde ellos tenían simplemente melodía, nosotros tenemos un contrapunto espiritual. Pero esto no elimina en lo más mínimo la encantadora deuda que yo, por mi parte, creo que tengo con la mayor parte de los salmos de alegría. Pese a la presencia de elementos que nos cuesta considerar religiosos y a la ausencia de elementos que algunos podrían juzgar indispensables para la religión, encuentro en ellos una experiencia del todo teocéntrica, que no pide de Dios ningún don con tanto ahínco como el de su presencia, el don de su Persona, el que da mayor gozo y es inconfundiblemente real. Lo que yo veo, por así decirlo, en los rostros de estos antiguos poetas me enseña más sobre el Dios a quien ellos y nosotros adoramos.

REFLEXIONES SOBRE LOS SALMOS
«La hermosura del Señor»

La lección de la higuera

Lecturas bíblicas
Mateo 21.16–22
Salmos 105.23–45

El único milagro de destrucción que realiza Cristo, el de secar la higuera, les ha planteado problemas a algunas personas, pero creo que su significado es bastante claro. El milagro es una parábola en vivo, un símbolo de la sentencia de Dios contra todo lo que es «estéril» y especialmente contra el judaísmo oficial de aquella época. Ese es su valor moral. Como milagro, vuelve a poner el foco, reduciéndolo y acercándolo, en lo que Dios hace constantemente y por medio de la Naturaleza. Hemos visto […] cómo Dios, arrebatándole a Satanás el arma de las manos, se ha convertido, desde la caída, en el Dios también de la muerte humana. Pero sobre todo ha sido, y tal vez desde la creación, el Dios de la muerte de los organismos. En ambos casos, aunque en sentidos algo diferentes, es el Dios de la muerte porque es el Dios de la vida. Es el Dios de la muerte humana porque por medio de ella viene una vida mayor; es el Dios de la muerte meramente orgánica porque la muerte es parte del modo mismo mediante el cual la vida orgánica se extiende en el tiempo sin dejar de ser nueva. Un bosque milenario sigue estando vivo como bosque porque unos árboles mueren y otros crecen. Su rostro humano, ante la negativa de aquella higuera, hizo en esta ocasión lo que su actividad cuando no está encarnado lleva a cabo en todos los árboles. No murió ningún árbol aquel año en Palestina, ni ningún otro año en ninguna otra parte, sin que Dios interviniera; o, mejor dicho, dejara de intervenir.

Todos los milagros que hemos considerado hasta ahora son de la vieja creación. En todos ellos vemos al Hombre divino ayudándonos a ver lo que el Dios de la naturaleza ya ha hecho a una escala más general. En la siguiente clasificación, la de los milagros de dominio sobre lo inorgánico, encontramos algunos que son de la vieja creación y otros que son de la nueva. Cuando Cristo calma la tempestad, hace lo que Dios ha hecho antes muchas veces. Dios creó la naturaleza de tal modo que existieran tormentas y calmas. En este sentido, Dios ha calmado todas las tempestades (salvo las que siguen desarrollándose en este momento). Si hemos aceptado el Gran Milagro, negar que calmara la tempestad es contrario a nuestra filosofía. En realidad, no hay problema con adaptar las condiciones meteorológicas del resto del mundo a esta calma milagrosa. Yo mismo puedo calmar una tormenta en mi cuarto con solo cerrar la ventana. La naturaleza tiene que hacer lo mejor que pueda al respecto. Y, para ser justos, ella no crea ningún problema. El sistema en su conjunto, lejos de ser sacado de sus engranajes (que es lo que haría el milagro en opinión de mucha gente preocupada por eso), asimila la nueva situación con la facilidad con que un elefante asimila un trago de agua. La naturaleza es, como dije antes, una consumada anfitriona. Pero, cuando Cristo anda sobre el agua, tenemos un milagro de la nueva creación. Dios no había creado la vieja Naturaleza, el mundo anterior a la encarnación, con unas características que permitieran que el agua soportase el peso de un cuerpo humano. Este milagro es como saborear con anticipación una naturaleza que todavía es futura. La nueva creación apenas comienza a irrumpir. Por un momento, parece como si fuera a extenderse. Por un momento, dos hombres están viviendo en este mundo nuevo. San Pedro también anda sobre las aguas. Da un paso o dos, pero fracasa en su confianza y se hunde. Ha regresado a la vieja naturaleza. Este vislumbre momentáneo fue como la primera flor de la primavera del milagro. Esas florecillas muestran que comenzamos una nueva etapa del año. El verano llegará; pero falta mucho y estas flores son efímeras.

LOS MILAGROS
«Milagros de la vieja creación»

El encanto del cristianismo según Escrutopo

Lecturas bíblicas
Lucas 22.1–8
Salmos 141.1–10

Las Cartas del diablo a su sobrino *son la correspondencia de un demonio veterano con su aprendiz. Dado que este es el día en que tradicionalmente se sitúa la traición de Judas, nos pareció apropiado poder un extracto del punto de vista de un demonio.*

Mi querido Orugario:

A través de esta chica y de su repugnante familia, el paciente está conociendo ahora cada día a más cristianos, y además cristianos muy inteligentes. Durante mucho tiempo va a ser imposible *extirpar* la espiritualidad de su vida. Muy bien; entonces, debemos *corromperla*. Sin duda, habrás practicado a menudo el transformarte en un ángel de la luz, como ejercicio de pista. Ahora es el momento de hacerlo delante del Enemigo. El Mundo y la Carne nos han fallado; queda un tercer Poder. Y este tercer tipo de éxito es el más glorioso de todos. Un santo echado a perder, un fariseo, un inquisidor, o un brujo, es considerado en el Infierno como una mejor pieza cobrada que un tirano o un disoluto corriente.

Pasando revista a los nuevos amigos de tu paciente, creo que el mejor punto de ataque sería la línea fronteriza entre la teología y la política. Varios de sus nuevos amigos son muy conscientes de las implicaciones sociales de su religión. Eso, en sí mismo, es malo; pero puede aprovecharse en nuestra ventaja.

Descubrirás que muchos escritores políticos cristianos piensan que el cristianismo empezó a deteriorarse, y a apartarse de la doctrina de su Fundador, muy temprano. Debemos usar esta idea para estimular una vez más la idea de un «Jesús histórico», que puede encontrarse apartando posteriores «añadidos y perversiones», y que debe luego compararse con toda la tradición cristiana. En la última generación, promovimos la construcción de uno de estos «Jesús históricos» según pautas liberales y humanitarias; ahora estamos ofreciendo un «Jesús histórico» según pautas marxistas, catastrofistas y revolucionarias. Las ventajas de estas construcciones, que nos proponemos cambiar cada treinta años o así, son múltiples. En primer lugar, todas ellas tienden a orientar la devoción de los hombres hacia algo que no existe, porque todos estos «Jesuses históricos» son ahistóricos. Los documentos dicen lo que dicen, y no puede añadírseles nada; cada nuevo «Jesús histórico», por tanto, ha de ser extraído de ellos, suprimiendo unas cosas y exagerando otras, y por ese tipo de *deducciones* (*brillantes* es el adjetivo que les enseñamos a los humanos a aplicarles) por las que nadie arriesgaría cinco duros en la vida normal, pero que bastan para producir una cosecha de nuevos Napoleones, nuevos Shakespeares y nuevos Swifts en la lista de otoño de cada editorial. En segundo lugar, todas estas construcciones depositan la importancia de su «Jesús histórico» en alguna peculiar teoría que se supone que Él ha promulgado. Tiene que ser un «gran hombre» en el sentido moderno de la palabra, es decir, situado en el extremo de alguna línea de pensamiento centrífuga y desequilibrada: un chiflado que vende una panacea. Así distraemos la mente de los hombres de quien Él es y de lo que Él hizo. Primero hacemos a Él tan sólo un maestro, y luego ocultamos la muy sustancial concordancia existente entre Sus enseñanzas y las de todos los demás grandes maestros morales. Porque a los humanos no se les debe permitir notar que todos los grandes moralistas son enviados por el Enemigo, no para informar a los hombres, sino para recordarles, para reafirmar contra nuestra continua ocultación las primigenias vulgaridades morales. Nosotros creamos a los sofistas; Él creó un Sócrates para responderles. Nuestro tercer objetivo es, por medio de estas construcciones, destruir la vida devocional. Nosotros sustituimos la presencia real del Enemigo, que de otro modo los hombres experimentan en la oración y en los sacramentos, por una figura meramente probable, remota, sombría y grosera, que hablaba un extraño lenguaje y que murió hace mucho tiempo. Un objeto así no puede, de hecho, ser adorado. En lugar del Creador adorado por su criatura, pronto tienes meramente un líder aclamado por un partidario, y finalmente un personaje destacado, aprobado por un sensato historiador. Y en cuarto lugar, además de ser ahistórica en el Jesús que describe, esta clase de religión es contraria a la historia en otro sentido. Ninguna nación, y pocos individuos, se ven arrastrados realmente al campo del Enemigo por el estudio histórico de la biografía de Jesús, como mera biografía. De hecho, a los hombres se les ha privado del material necesario para una biografía completa. Los primeros conversos fueron convertidos por un solo hecho histórico (la Resurrección) y una sola doctrina teológica (la Redención), actuando sobre un sentimiento del pecado que ya tenían; y un pecado no contra una ley inventada como una novedad por un «gran hombre», sino contra la vieja y tópica ley moral universal que les había sido enseñada por sus niñeras y madres. Los «Evangelios» vienen después, y fueron escritos, no para hacer cristianos, sino para edificar a los cristianos ya hechos.

El «Jesús histórico», pues, por peligroso que pueda parecer para nosotros en alguna ocasión particular, debe ser siempre estimulado. Con respecto a la conexión general entre el cristianismo y la política, nuestra posición es más delicada. Por supuesto, no queremos que los hombres dejen que su cristianismo influya en su vida política, porque el establecimiento de algo parecido a una sociedad verdaderamente justa sería una catástrofe de primera magnitud. Por otra parte, queremos, y mucho, hacer que los hombres consideren el cristianismo como un medio; preferentemente, claro, como un medio para su propia promoción; pero, a falta de eso, como un medio para cualquier cosa, incluso la justicia social. Lo que hay que hacer es conseguir que un hombre valore, al principio, la justicia social como algo que el Enemigo exige, y luego conducirle a una etapa en la que valore el cristianismo porque puede dar lugar a la justicia social. Porque el Enemigo no se deja usar como un instrumento. Los hombres o las naciones que creen que pueden reavivar la fe con el fin de hacer una buena sociedad podrían, para eso, pensar que pueden usar las escaleras del Cielo como un atajo a la farmacia más próxima. Por fortuna, es bastante fácil convencer a los humanos de que hagan eso. Hoy mismo he descubierto en un escritor cristiano un pasaje en el que recomienda su propia versión del cristianismo con la excusa de que «sólo una fe así puede sobrevivir a la muerte de viejas culturas y al nacimiento de nuevas civilizaciones». ¿Ves la pequeña discrepancia? «Creed esto, no porque sea cierto, sino por alguna otra razón». Ése es el juego.

Tu cariñoso tío,
ESCRUTOPO
CARTAS DEL DIABLO A SU SOBRINO
XXIII

El poder de la confianza

Lecturas bíblicas
Juan 13.1–11
Salmos 31.1–5

Pero es posible que todo vaya bien. Es cierto. Mientras tanto te enfrentas a la espera: hasta que se imprima la radiografía y hasta que el especialista haya completado sus observaciones. Y, durante la espera, hay que seguir viviendo. ¡Ojalá uno pudiera vivir oculto, invernar, dormir sin techo! Y luego están (para mí; creo que tú eres es más fuerte) los terribles resultados de la ansiedad; el movimiento circular incesante de los pensamientos, e incluso la tentación pagana de seguir atentos a augurios irracionales. Y oramos, pero esas mismas oraciones son en sí, más que nada, una forma de angustia.

Hay quien se siente culpable de sus angustias y las ve como falta de fe. No estoy de acuerdo en absoluto. Son aflicciones, no pecados. Como todas las aflicciones, son, si podemos entenderlo así, nuestra parte en la

Pasión de Cristo. El comienzo de la Pasión —el primer movimiento, por así decirlo— está en Getsemaní. En Getsemaní parece haber sucedido algo muy extraño y significativo.

Partiendo de muchas de sus afirmaciones, se deduce que nuestro Señor había previsto su muerte mucho tiempo atrás. Sabía que una conducta como la suya, en un mundo como el que hemos llegado a construir, llevaría inevitablemente a donde llevó. Pero está claro que este conocimiento lo tuvo de alguna manera aparcado antes de su oración en Getsemaní. No podría haber pedido, sin faltar a la voluntad del Padre, que pasara de él aquella copa sabiendo que no sería así. Es imposible, tanto lógica como psicológicamente. ¿Ves las implicaciones de esto? Para apurar hasta la última prueba sobre su humanidad, cayeron sobre él en el último momento los tormentos de la esperanza, del suspense, de la ansiedad: la presunta posibilidad de que, después de todo, pudiera, fuera concebible que pudiese, ser librado del supremo horror. Había un precedente, el de Isaac, que fue librado, también en el último momento y cuando parecía imposible. No era del todo imposible... y seguro que había visto a otros hombres crucificados... una visión muy distinta de la que muestra la mayoría de nuestros cuadros e imágenes religiosos. Pero, para esta última (y errónea) esperanza contra esperanza, y para la consiguiente conmoción del alma, el sudor de sangre, tal vez no habría sido completamente Hombre. Vivir en un mundo plenamente predecible es no ser un hombre.

Al final, lo sé, leemos que se apareció un ángel para confortar. Pero ni este verbo, que aparece en algunas versiones, ni el griego ἐννισχύων significan «consolar». El término adecuado es «fortalecer». ¿Este fortalecimiento no consistiría en la renovada certeza —poco consuelo es este— de que aquello tenía que seguir y, por tanto, iba a seguir?

Todos tratamos de aceptar con algún tipo de sumisión nuestras aflicciones cuando se hacen presentes. Pero la oración de Getsemaní nos enseña que la angustia que las precede es tanto voluntad de Dios como parte de nuestro destino humano. El Hombre perfecto lo experimentó. Y el siervo no es mayor que su señor. Somos cristianos, no estoicos.

Los movimientos de la Pasión ¿no representan cada uno de ellos algún elemento común de los sufrimientos de la humanidad? En primer lugar, la oración agonizante que no es atendida. Luego se vuelve a sus amigos y los encuentra durmiendo (igual que los nuestros, o nosotros mismos, estamos tantas veces atareados, lejos o preocupados). Luego dirige su rostro a la iglesia, la que él mismo dio a luz. Y la condena. Esto también es típico. En cada iglesia, en cada institución, hay algo que tarde o temprano va en contra del propósito mismo para el que nació. Pero parece haber otra oportunidad:

el Estado, en este caso, el romano. Np tiene tantas ínfulas como la congregación judía, así que podría estar libre de los fanatismos locales. Afirma ser justo, a un nivel básico, mundano. Sí, pero solo si eso es compatible con la conveniencia política y el interés del Estado. Pasas a ser una ficha en un juego complicado. Pero aún no está todo perdido. Queda el recurso al Pueblo, a la gente pobre y humilde a la que había bendecido, sanado, alimentado y enseñado, la gente a la que él mismo pertenece. Pero de la noche a la mañana se han convertido (algo bastante habitual) en una turba asesina que pide a gritos su sangre. No queda, entonces, nada, excepto Dios. Y, para Dios, las últimas palabras de Dios son: «¿Por qué me has desamparado?».

Ves lo típico y característico que es todo esto. La situación del hombre hecha patente. Estas son algunas de las cosas que significan ser hombre. Toda cuerda se rompe al asirla. Toda puerta se cierra de un portazo cuando llamamos. Estamos como el zorro al final de la persecución, con todas las madrigueras tapadas.

En cuanto al último abandono, ¿cómo entenderlo o soportarlo? ¿Es que el mismo Dios no puede ser Hombre a menos que Dios parezca desvanecerse cuando está más necesitado?

Y, si es así, ¿por qué? A veces me pregunto si hemos comenzado a entender lo que implica el concepto de creación. Si Dios quiere crear, quiere que algo exista, y que lo creado no sea Dios. Ser creado es, en cierto sentido, ser expulsado o apartado. ¿Es posible que, cuanto más perfecta es la criatura, más acentuada es la separación? Son los santos, no las personas corrientes, los que experimentan la «noche oscura». Son los hombres y los ángeles, no los animales, los que se rebelan. La materia inanimada duerme en el seno del Padre. Cuando Dios «se oculta», quizás se angustian más aquellos que, en otro sentido, están más cerca de él. Por tanto, Dios mismo, encarnado, ¿será el más abandonado por Dios? Un teólogo del siglo XVII dice: «Pretendiendo ser visible, Dios solo podría engañar al mundo». Tal vez solo lo hace un poco para las almas sencillas que necesitan la máxima «consolación perceptible». No las engaña, sino que se lo hace más llevadero.

Por supuesto, yo no afirmo, como Niebühr, que el mal sea inherente a la finitud. Esa idea identificaría la creación con la caída y convertiría a Dios en el autor del mal. Pero tal vez exista una angustia, una alienación, una crucifixión implícita en el acto creador. Sin embargo, Dios, el único que puede juzgar, sentencia que la tan lejana consumación merece la pena.

CARTAS A MALCOLM
Capítulo 8

Entender la historia de Cristo

Lecturas bíblicas
Mateo 27.1–54
Salmos 22.1–11

Como historiador de la literatura, estoy totalmente convencido de que, sean lo que sean, los Evangelios no son leyendas. He leído gran cantidad de leyendas y estoy seguro de que los Evangelios no pertenecen a ese género. No son tan artísticos como para ser leyendas. Desde el punto de vista de la imaginación, son algo burdos, no desarrollan las cosas debidamente. Desconocemos la mayor parte de la vida de Jesús, como la de cualquier otro hombre de esa misma época, y ningún creador de leyendas permitiría algo así. Con la excepción de algunos textos de los diálogos de Platón, en la literatura antigua no existen, hasta donde sé, conversaciones como las del cuarto Evangelio. No tiene parangón, ni siquiera en la literatura moderna, hasta la aparición, hace unos cien años, de la novela realista. En el relato de la mujer sorprendida en adulterio, leemos que Cristo se inclinó y escribió en tierra con el dedo. Este dato no da lugar a nada. Nadie ha basado una doctrina en él. Y el arte de *inventar* pequeños detalles irrelevantes para hacer que una escena imaginaria sea más convincente es un arte propio de los tiempos modernos. Creo que la única explicación de este pasaje es que fue eso lo que sucedió en realidad. El autor lo contó así sin más porque era lo que había *visto*.

Llegamos entonces a la más extraña de todas las historias, al relato de la resurrección. Es necesario que quede muy claro. Yo oí decir a un hombre: «La importancia de la resurrección radica en que aporta una prueba de la supervivencia, de que la personalidad humana sobrevive a la muerte». Según esta perspectiva, lo que le ocurrió a Cristo sería lo que siempre les pasó a todos los hombres, salvo que en el caso de Cristo tuvimos el privilegio de verlo suceder. Desde luego, no es eso lo que pensaban los primeros escritores cristianos. Algo radicalmente nuevo había ocurrido en la historia del universo. Cristo había derrotado a la muerte. La puerta, hasta entonces cerrada, se había tenido que abrir por primera vez. Esto no tiene nada que ver con la supervivencia del espíritu. No digo que no creyeran en la supervivencia del espíritu. Todo lo contrario, creían tanto en ella que, más de una vez, Cristo tuvo que dejarles claro que él *no* era un espíritu. La cuestión es que, aun creyendo en la vida tras la muerte, veían la resurrección como algo totalmente diferente y nuevo. Los relatos de la resurrección no son descripciones de la vida más allá de la muerte; nos cuentan cómo ha surgido un modo de ser completamente nuevo en el universo. Algo nuevo ha aparecido en el universo, tan nuevo como la aparición de la vida orgánica. Este Hombre, después de morir, no se dividió en «espíritu» y «cadáver». Había surgido un nuevo modo de ser. Esta es la historia. ¿Qué vamos a hacer al respecto?

Supongo que la cuestión está en determinar si hay alguna hipótesis que explique los hechos tan bien como la cristiana. Nuestra hipótesis dice que Dios descendió al universo creado, a la naturaleza humana, y luego ascendió llevándosela consigo. La hipótesis alternativa no es leyenda, ni exageración ni las apariciones de un espíritu. O bien es locura o bien es mentira. A menos que uno pueda creer la segunda alternativa (yo no puedo), se inclinará por la teoría cristiana.

«¿Qué vamos a hacer con Cristo?». No se trata de qué podemos hacer con él; se trata de qué quiere él hacer con nosotros. Tienes que aceptar la historia o rechazarla.

Las cosas que él dice son muy diferentes de las que cualquier otro maestro haya dicho. Los otros dicen: «Esta es la verdad sobre el universo. Este es el camino que deben seguir». Pero él dice: «*Yo* soy el camino, la verdad y la vida». Dice: «Nadie puede llegar a la realidad absoluta si no es a través de mí. Si intentas salvar tu vida, te arruinarás sin remedio. Entrégate y serás salvo». Dice: «Si te avergüenzas de mí, si, cuando oyes este llamado, miras para otro lado, también yo miraré a otro lado cuando regrese con Dios a plena vista. Si hay algo que te aparta de Dios y de mí, sea lo que sea, sácalo y arrójalo. Si es tu ojo, sácatelo. Si es tu mano, córtatela. Si te pones el primero, serás el último. Vengan a mí todos los que están sobrecargados, yo lo arreglaré. Tus pecados, todos, están borrados, yo puedo hacerlo. Yo soy el renacer, yo soy la vida. Come de mí, bebe de mí, soy tu alimento. Y, por último, no temas, yo he vencido al universo entero». Esta es la cuestión.

DIOS EN EL BANQUILLO
«¿Qué vamos a hacer con Jesucristo?»

Las palabras de la cruz «¿Por qué me has desamparado?» dan a entender que nuestro Señor se sumergió en la experiencia humana hasta experimentar el total abandono y hasta el punto de ya no percibir su propia deidad ni poder prever su resurrección.

Nunca se retiró el don. Cristo sigue siendo Hombre. La naturaleza humana ha sido asumida en la divina (véase el credo atanasio) y sigue ahí. Nuestra *cabeza de puente* tiene todas las garantías.

¿Qué *quieren* esas personas? ¿Quieren visualizarlo durante tres horas clavado en un palo, con la espalda desollada y pegada a un madero, bajo el sol de Palestina, con una nube de insectos revoloteando sobre su cabeza, sus manos y sus pies, con la cara cubierta de moretones, pus, escupitajos, sangre, lágrimas y sudor, con los pulmones a punto de reventar... para luego quejarse de que no es suficiente dolor?

THE COLLECTED LETTERS OF C. S. LEWIS
Volumen III, 9 mayo 1944

Visiones de la encarnación

Lecturas bíblicas
Mateo 27.55–66
Salmos 2.1–12

La primera lectura es una carta a Audrey Sutherland. La segunda se escribió antes de la conversión de Lewis, pero presenta un universo inconmensurable y misterioso.

Creo que tienes razón al pensar que la mayoría de pueblos antiguos no tenía esperanza del cielo, aunque, por supuesto, algunos personajes escogidos y excepcionales podrían hacerse dioses e ir al Olimpo. Este estaba tan fuera de su esquema como lo estaría del esquema del Antiguo Testamento el episodio de cuando Elías fue arrebatado en un carro de fuego. No hablo de los egipcios, ni de las religiones mistéricas griegas.

Lo que es muchísimo más importante es que los antiguos podrían haber tenido razón. El Nuevo Testamento siempre habla de Cristo no como de alguien que enseñase ni demostrase la posibilidad de una vida gloriosa tras la muerte, sino como de aquel que creó esa posibilidad: el precursor, las primicias, el hombre que abrió la puerta infranqueable. Por supuesto, eso enlaza con 1 Pedro 3.20 y la predicación a los espíritus encarcelados, y explica por qué nuestro Señor «descendió a los infiernos» (es decir, al Seol o Hades). Da la impresión de que, hasta su resurrección, el destino de los muertos *era* una vida indefinida, a medias, incorpórea. A los autores medievales les encantaba describir lo que ellos llamaban «el horror del infierno», Cristo bajando y llamando a esas puertas eternas y sacando a sus escogidos. Yo creo en algo así. Explicaría por qué lo que Cristo hizo puede salvar a los que vivieron mucho antes de la encarnación.

THE COLLECTED LETTERS OF C. S. LEWIS
Volumen III, 28 abril 1960

Tras los apuros y fracasos de este día,
Y de la fatiga de la mente, oh, Madre Noche,
Ven con un beso suave para alejar nuestras cuitas
Y enmendar nuestra agitación;
Tú, la más compasiva de las parientes de la muerte,
Circulando sobre nosotros por el velado aire
Sobre tu carro de crepúsculo, esparces por la tierra
Sueños dulces y oníricos encantos de tierno poderío
Y deleite de los amantes antes de nacer el nuevo día.

Por eso no quieres dejar tu sosegado país,
Tus cortes porticadas más allá de la Vía Láctea,
Donde aguardas durante todo nuestro día solar
Mientras sueños inmateriales tejen ante ti
Una danza de espuma, y un revoloteo fantasioso juega
Por tu palacio en el rayo plateado
De algún orbe lejano, lunar. Pero cuando la hora,
La anhelada hora, llega, las puertas de marfil
Abren sus goznes silenciosos ante tu cámara secreta
Espontáneamente, y el carro enjoyado aguarda
Con corceles mágicos. Tú desde el extremo frontal
Te inclinas para arrearlos, con tu cabello de mar
   oscuro cayendo sobre tus hombros,
Y muestras tus bellos blancos brazos, libres, desnudos,
Con los que guías a los caballos, esa reata
   de percherones gemelos,
Les sueltas rienda por los fuegos que flamean
En el amplio suelo celestial, levantando
Con sus pies polvo de estrellas a su paso.
Desciende rápido del cielo, oh, Noche,
Cae sobre el país en sombras, oh, amabilísima,
Cambia tus hilos de agradables sueños y luz
Por cadenas, con las que aún acostumbras a amarrar,
Con el delicado amor de las minuciosas sanguijuelas,
El corazón magullado y cansado
En ciego letargo.

SPIRITS IN BONDAGE

«Noche»

DOMINGO DE RESURRECCIÓN

Regocijo en la resurrección

Lecturas bíblicas
Lucas 24.1–53
Salmos 44.1–8

Debemos salir de nosotros y dirigirnos hacia Cristo. Su voluntad debe convertirse en la nuestra y debemos pensar Sus pensamientos, tener «la mente de Cristo», como dice la Biblia. Y si Cristo es uno, y si está destinado a estar «en nosotros», ¿no seremos todos iguales? Podría parecer que sí, pero de hecho no es así.

Es difícil en este caso presentar una buena ilustración porque, por supuesto, no hay otras dos cosas relacionadas entre sí como lo están el Creador con una de Sus criaturas. Pero intentaré ofreceros dos ilustraciones muy imperfectas que podrían daros una idea de la verdad. Imaginaos un montón de gente que siempre ha vivido en la oscuridad. Vosotros intentáis describirles lo que es la luz. Podríais decirles que si salen a la luz esa luz caerá sobre todos ellos y ellos la reflejarán y se harán lo que nosotros llamamos visibles. ¿No es acaso posible que imaginasen que, dado que todos estaban recibiendo la misma luz y todos reaccionaban a ella de la misma manera (es decir, todos la reflejaban), todos ellos se parecerían entre sí? Mientras que vosotros y yo sabemos que la luz, de hecho, hará resaltar, o mostrará, lo diferentes que son entre ellos. Pensemos ahora en una persona que no conoce la sal. Le dais una pizca para que la pruebe y él experimenta un sabor particular, fuerte e intenso. A continuación le decís que en vuestro país la gente utiliza la sal en todo lo que cocina. ¿No es posible que él replique: «En ese caso, todos vuestros platos tendrán exactamente el mismo sabor, porque el sabor de eso que acabas de darme es tan fuerte que matará el sabor de todo lo demás»?. Pero vosotros y yo sabemos que el verdadero efecto de la sal es exactamente el contrario. Lejos de matar el sabor del huevo, de la carne o de la col, en realidad lo aumenta. Los alimentos no muestran su verdadero sabor hasta que no les habéis puesto sal. (Como ya os he dicho, este no es, por supuesto, un ejemplo muy bueno, ya que se puede, después de todo, matar el sabor de los alimentos si se les añade demasiada sal, mientras que no se puede matar el sabor de la personalidad humana añadiéndole «demasiado» Cristo. Estoy haciendo lo que puedo).

Lo que ocurre con Cristo y nosotros es algo parecido. Cuanto más nos liberemos de lo que llamamos «nosotros mismos» y le dejemos a Él encargarse de nosotros, más nos convertiremos verdaderamente en nosotros mismos. Hay tanto de Él que millones y millones de «otros Cristos», todos diferentes, serán aún demasiado pocos para expresarlo totalmente. Él los hizo a todos. Él inventó —como un autor inventa los personajes de su novela— todos los hombres diferentes que vosotros y yo estábamos destinados a ser. En ese sentido nuestros auténticos seres están todos esperándonos en Él. Es inútil intentar ser nosotros mismos sin Él. Cuanto más nos resistamos a Él e intentemos vivir por nuestra cuenta, más nos vemos dominados por nuestra herencia genética, nuestra educación, nuestro entorno y nuestros deseos naturales. De hecho, lo que tan orgullosamente llamamos «nosotros mismos» se convierte simplemente en el lugar de encuentro de cadenas de acontecimientos a los que jamás dimos comienzo y que no podemos detener. Lo que llamamos «nuestros deseos» se convierte simplemente en los deseos manifestados por nuestro organismo físico o instilados en nosotros por los pensamientos de otros hombres o incluso sugeridos por los demonios. Los huevos, el alcohol o un buen descanso nocturno serán el auténtico origen de lo que nos complacemos en considerar como nuestra propia decisión, altamente personal y discriminadora, de hacerle la corte a la chica que se sienta frente a nosotros en el vagón del tren. La propaganda será el verdadero origen de lo que tengamos como nuestros propios y originales ideales políticos. No somos, en nuestro estado natural, tan personales como nos gustaría creer: la mayor parte de lo que llamamos «nosotros» puede ser fácilmente explicable. Es cuando nos volvemos a Cristo, cuando nos entregamos a Su Personalidad, cuando empezamos a tener una auténtica personalidad propia.

Al principio dije que había Personalidades en Dios. Ahora voy a ir más lejos. No hay auténticas personalidades en ningún otro sitio. Hasta que no hayáis entregado vuestro ser a Cristo no tendréis un auténtico ser. La igualdad se encuentra sobre todo entre los hombres más «naturales», no en aquellos que se entregan a Cristo. ¡Cuán monótonamente iguales son los grandes conquistadores y tiranos; cuán gloriosamente diferentes son los santos!

Pero ha de haber una auténtica entrega del ser. Debéis rendirlo «ciegamente», por así decirlo. Cristo os dará ciertamente una auténtica personalidad: pero no debéis acudir a Él sólo por eso. Mientras que sea vuestra propia personalidad lo que os preocupa no estáis acudiendo a Él en absoluto. El primer paso es intentar olvidar el propio ser por completo. Vuestro auténtico nuevo ser (que es de Cristo, y también vuestro, y vuestro sólo porque es Suyo) no vendrá mientras lo estéis buscando. Vendrá cuando estéis buscando a Cristo. ¿Os parece esto extraño? El mismo principio rige para asuntos más cotidianos. Incluso en la vida social, nunca causaréis una buena impresión en los demás hasta que no dejéis de pensar en la buena impresión que estáis causando. Incluso en la literatura y el arte, ningún hombre que se preocupa por la originalidad será jamás original; mientras que si simplemente intenta decir la verdad (sin importarle cuántas veces esa verdad haya sido dicha antes), será, nueve veces de cada diez, original sin ni siquiera haberse dado cuenta. Y este principio aparece a lo largo de la vida en su totalidad. Entregad vuestro ser y encontraréis vuestro verdadero ser. Perded vuestra vida y la salvaréis. Someteos a la muerte, a la muerte de vuestras ambiciones y vuestros deseos favoritos de cada día, y a la muerte de vuestros cuerpos enteros al final: someteos con todas las fibras de vuestro ser, y encontraréis la vida eterna. No os guardéis nada. Nada que no hayáis entregado será auténticamente vuestro. Nada en vosotros que no haya muerto resucitará de entre los muertos. Buscaos a vosotros mismos y encontraréis a la larga sólo odio, soledad, desesperación, furia, ruina y decadencia. Pero buscad a Cristo y le encontraréis, y con Él todo lo demás.

MERO CRISTIANISMO
«Los hombres nuevos»

Y, conforme hablaba, dejó de parecerles un león; pero las cosas que comenzaron a suceder a continuación eran tan bellas y grandiosas que no puedo ponerlas por escrito. Para nosotros, este es el final de todas las historias, y podemos decir casi con total seguridad que todos vivieron felices para siempre, pero, para ellos, solo era el comienzo de la verdadera historia. Toda su vida en este mundo y todas sus aventuras en Narnia no habían sido más que la portada y la página del título; ahora, por fin, empezaban el Capítulo Uno de la Gran Historia, la que nadie en nuestro mundo ha leído, la que dura eternamente, en la que cada capítulo es mejor que el anterior.

LA ÚLTIMA BATALLA
«Adiós al país de las sombras»